汉字好好玩 ③

The Fun in Learning Chinese Characters

有画面·有知识·有故事·有历史

张宏如◎著

中国致公出版社
——China Zhigong Press——

作者序

　　《汉字好好玩》是一系列画中有字、字中有画的汉字图书，打破传统一笔一画学习汉字的方式，改用一幅幅的画作来介绍汉字。内容中的汉字画作看似简单，其实花费相当多的力气，构图才得以完成，光是第一幅汉字脸谱的创作，从起心动念那一刻起，到作者自己涂鸦式的试画，就耗时近一年之久。创作之初，常在公园的泥土上、石板上、树干上画字，假装自己回到原始时代，在洞穴石壁上画着今天捕了几头野兽，抓了几条鱼，借以揣摩人类老祖宗造字的初衷，于是有所感悟，原来文字还没发展成形时，是用些简单的线条图画来沟通记录。至于怎么画，如何画，画什么，若能重新体会象形文字，就能发现这里头暗藏着汉字创始的密码。

绘者简介

黄盟钦

    黄盟钦生于台湾嘉义，台湾师范大学美术系博士生，从事艺术创作并任教于诸多大学担任艺术相关科系兼任讲师。2001 年毕业于国立台湾艺术学院美术系，2007 年毕业于台北艺术大学美术创作研究所，并且荣获奖助学金前往印度 Global Art Village 驻村交流。2010 年受邀前往悉尼大学艺术学院（Sydney College of the Arts）艺术家驻校研习计划工作营，同年荣获亚洲文化协会（Asian Culture Council）台湾奖助计划于美国旧金山贺德兰艺术村驻地创作。2011 年荣获福布莱特学术交流基金会（Fulbright，FSE）创作艺术家赴美研习奖学金于加州伯克利卡拉艺术机构的驻村研习。2012 年获台湾文化事务主管部门参与文化创意类国际性展赛奖助于土耳其伊斯坦布尔举办展览计划。

推荐序一

郑有立

台湾动漫创作协会理事长
台湾中华卡通制作有限公司创办人
台湾中国美术设计协会第七届理事长
台湾中华五千年史故事动画系列总策划
台湾中央电影公司动画系列《少林传奇》总策划
数字动画卡通电影长片《妈祖的故事》总策划
台湾中央电影公司卡通电影《梁山伯与祝英台》总策划

"识字如同看画，写字如同画画。"这是汉字独有的特色，汉字堪称世界上最美丽的图像文字，从图像的角度来学习汉字、认识汉字、欣赏汉字是一种乐趣。传统的汉字学习总是强调笔画与笔顺，却忽略了象形文字的艺术美感。其实每个汉字都有着属于自己的图像与故事，汉字学习过程就是最好的文学与艺术的启蒙训练。《汉字好好玩》系列作品中，将甲骨文、金文、篆文等古文字融合于图画，让读者了解汉字的起源，并在潜移默化中接受古文字的熏陶，感受到汉字学习真的好好玩！

推荐序二

古今明

中国著名书画艺术家
中国第一代国家礼宾官
中国宋庆龄基金会创办人
中华五千年动画文化工程促进会创建人、终身名誉会长
中国西部开发促进会顾问
中国动漫第一人

字是畫 畫是字

漢字是一種獨特且美丽的符號，充
貫穿中國古今，蘊藏豐富的文化内
涵，保留了象形文字的靈魂与原始圖
象藝術的精神，每個漢字都有
圖象的意涵；張宏如先生的作品《漢字
好三绝》更是充分體現「字是魚，畫
是字」之漢字精髓，提供世人以象形文
字的角度来欣賞與體悟漢字之美，相信
漢字好圖象一定會帶給您以動全世界！

壬辰季 古今明

目　录

本书特色

特色一　画中有字，字中有画

　　本书最大的特色就是每一幅图画中都包含着好几个汉字，而每一字的形象就是其事物本身的形象，每一幅图所要表达的意境也是由这一组相关的文字结集而成的。若说本书对于汉字有何贡献，或许最大的价值就在于还原真实情况，让文字回到属于它自己的位置——两千年来并没有人尝试如此做法。自许慎的《说文解字》之后，文字学者在解说文字时，常会利用甲骨文、金文、篆文等图像加以说明文字的起源或演变过程。随着古文物陆续出土，加上影像科技的发达，近代的文字学者，常常会利用图片来辅助说明汉字的成因。这样的做法固然有助于学习者对汉字的体会与了解，但作者认为这样的做法并不够完美，因为老祖先造字的灵感既然取之于大自然，我们理当回到大自然之中重新看待汉字。本书以不同的视野与角度认识汉字，并结合图形、书法、艺术、美学、文字学、哲学等概念特别提出一套汉字画的学习方法。

特色二　快速学习汉字的新方法

　　现在书店中有很多介绍汉字字源的书，由单一字源重新认识，一天学两三个字，学成 2500 个常用字，大概也要花个五六年的时间。作者认为，若能将文字图像化，通过图像来记忆学习，应该是最快最有效的方式。通过《汉字好好玩》系列书的画作，可以清楚明了画的含义、字的意义；每一幅图画至少包括四个字，有效地学习基本文字后，接下来只是组合字的问题，借由不同部首或字源之间的组合又可以创造出不同的文字与意义。《汉字好好玩》系列书七十五幅图中，总共包含 500 多个汉字，让有意学习汉字的人可以通过影像记忆，在最短时间内认识最多的汉字。

如何阅读本书

每幅汉字画以三个步骤进行

首先，说明与每个主题古文字相关的文化意涵。

其次，每幅图以左右跨页的方式呈现，通过简单的汉字画之内容描述，让读者感受画作本身之意境。

最后，将图内的古文字标示出来，让读者清楚比较古今文字之间的关系，并介绍每个字的字义与字形。

作者相信，用欣赏画作的角度来学汉字，会是件既浪漫又有趣的事。

特别说明

首先，文中"说文解字"下方的古文字乃是甲骨文、金文、篆文等穿插使用，而图1、图2……说明方式则是为了使汉字学习者可以了解图形之间的变化与差异，因此，图与图之间并没有时间先后的问题。

其次，字形说明部分，作者系以仰视、直视、俯视及透视四种造字角度来分析汉字的形成。仰视造字，必须仰起头来观察，如日、月、星、晶等字；直视造字，只要平视即可，如禾、木、工、弓等字；俯视造字，必须从高处往下看，才能掌握事物的整体样貌，如田、川、州等字；透视造字，如身的古文 画出人肚子隆起的样子，"一点"代表肚子里的胎儿。

本文希望通过图形与汉字的造字角度分析，帮助读者在最短的时间内了解汉字、认识汉字，轻轻松松学汉字；并通过不断重复的图像学习，让所有汉字学习者都能感受到汉字学习真的好好玩。

汉字的图像思维

　　相较于西方的拼音文字，中国的文字被视为拼形文字，又称为象形文字或方块文字；不过，自从隶书定型之后，很多文字就已经脱离象形，被归类为指事、形声或其他类别。传统文字学以东汉许慎所提到的六书为依据。所谓六书系指"象形、指事、形声、会意、转注、假借"六种造字的方法。六书这个词最早见于《周礼》；东汉班固《汉书·艺文志》也曾提及六书，而班固所指的六书则是"象形、象事、象意、象声、转注、假借"。当时也有其他文字学者认为六书应该是"象形、会意、转注、处事、假借、谐声"，可见自东汉时期开始，学者对于六书的看法就颇多纷歧，只不过后世多采用许慎的分类，作为中国文字的造字原则。

　　六书的讨论延续了两千年，直到清末民初文字学者唐兰提出三书说，他认为中国的造字原则应该可以归纳为象形、象意与形声这三种方式。唐兰强调象形、象意是上古时期的图画文字，形声文字则是近古时期的声符文字，这三类可以包括所有中国文字。从六书到三书，这是不同时代、不同的文字学者对中国文字造字所提出的不同见解。

　　不论是许慎的六书还是唐兰的三书，目的都是说明中国文字的造字方法。而本文作者创作的动机，则是希望可以跳脱传统文字学的讨论方式，亦即只要可以用类似象形文字的方式呈现，不论它归属于许慎的指事、形声、会意、转注、假借，抑或唐兰的象意、形声，作者都将其统称为"类象形"。以"类象形"的概念重新看待中国的文字，回归象形文字的本质，以图像为出发点，让学习者可以充分感受到中国文字的形成与意境。把原本不是归类于象形系统的文字，以象形的手法来设计呈现，加深对中国文字的记忆，同时增加学习中国文字的趣味性。这就是本书提出"类象形"概念的最终目的。

《汉字好好玩》系列的七十五幅图画中，其中几幅图即是用"类象形"的概念进行创作。例如汉字画——城墙之象，城门上凹凸的石块，凹与凸这两个字在传统文字学中并未被特别提到，但若将它重新设计一番，就成了标准的象形文字，读者可以通过图画感受到凹凸这两个字的意义与意境。另外，汉字画——方位之象，船停泊在岸边、工人拉桅杆的设计，是为了介绍上、下、中、卡等几个字。若照许慎的解释，"指事者，视而可识，察而见意，上、下是也。"上与下是指事类别的字，并不属于象形字，不过，作者在此也是以类象形的手法将上与下两字设计于桅杆，通过一根桅杆可以轻易学习到上、下、中、卡这四个中国文字。

本系列七十五幅图画创作多以象形文字为基础，少部分不属于象形文字的则以"类象形"的手法来处理，所以不能完全用传统文字学的角度观之，必须以艺术与美学的眼光来看待。作者极力推广的一个概念即是"画中有字，字中有画"。图与画是没有国界的，既然中国文字属象形文字，也就是图画文字，学习中国文字应该不是件难事。许多外国人会认为中国字不易学习，其实问题就出在当今的文字教学强调一笔一画地写，辜负了象形文字所隐藏的艺术价值；外国人也只看到一个个的字，却没有看到它的艺术之美。作者希望借由本书的问世，改变未来汉字的学习方式，原来"学汉字就像在看画，写汉字像是在学画"，不论是华人还是非华人都能真正欣赏汉字之美，轻轻松松学习汉字。

日景之象

汉字

好好玩

现今全球统一标准的计时方式，是将一天分为 24 个小时，大家依照这个标准来计算时间。中国古代是如何计算时间的呢？其实古人是将一天分为十二个时辰，也就是我们所熟悉的子、丑、寅、卯、辰、巳、午、未、申、酉、戌、亥，又称为十二地支。古人不仅将十二地支当作时辰，同时也运用于纪年、纪月、纪日，甚至可以代表方位、方向与生肖。

古代农业社会"日出而作，日落而息"，简单的一句话，道出了古代生活作息是依据太阳的起落来判断；但若遇到阴雨天或太阳未露脸，便无法判断时间。随着生活经验的积累，便发展出更为精确的计

罗盘中十二地支代表方位。

时方式，如利用水钟（滴漏）、沙钟、圭表、日晷（guǐ）等作为计时的工具，其中圭表与日晷都是采用观测日影来计时，而日晷的"晷"这个字就是指太阳的影子的意思。所以说古人很早就体悟到可以利用太阳的影子来计时，而最原始的日晷，它的形式简易，仅需一个圆形的晷面，在晷面的正中央插入一根晷针，放置于太阳下，阳光照射晷针时所形成的阴影即可作为判断时间的依据。现在已经很难见到日晷这种计时器，不过，在北京故宫的太和殿前还保留着一座日晷计时亭，这座日晷属于赤道日晷，晷盘上

沙漏。

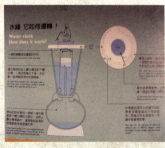

西方水钟原理。

北京故宫的日晷。

日出为旦。

下两面均有刻度，春分至秋分看的是晷盘上面的刻度，秋分至来年的春分则看晷盘下面的刻度。北京故宫内的这座日晷，象征皇帝拥有向天下百姓授时的最高权力。

古人借由日影作为判断时间的依据，从日出到日落的每一刻都与太阳位置的变化有关。所谓日出为旦，旦的古字旦就是画太阳自地平线蹦出那一刹那的画面；随着太阳缓缓地上升，从树林中间透出光芒，就代表所谓的日出东方，东的古字東就像太阳位于一棵树木的中间；当太阳升至最高点就是指正午时分，古人便以杲（gǎo）这个字代表日正当中的意思，杲的古字杲就是把太阳画在树木的正上方；当太阳西下时，又慢慢落至树林之中，古人便以杳（yǎo）这个字代表太阳已渐西下，杳的古字杳画太阳位于树木的根部；当黄昏来临，这时太阳已落入草木之中，古人以暮这个字来代表傍晚，暮的古字暮画太阳沉入草丛之中，形成落日余晖般的景色。老祖宗从观察太阳的位置创造出旦、东、杲、杳、暮等五个汉字。

古字東：太阳在树木的后方，表示太阳从东边升起。

汉字画

　　太阳自地平线露出，天刚亮称为旦（旦），日出东（東）方，日正当中称为杲（杲），夕阳西下称为杳（杳），日落至草地上称为暮（暮）。

　　此幅图共介绍旦、东（東）、杲、杳、暮五个汉字。

繁体	简体	英文

dàn

旦　　旦　　dawn

字义说明　早晨天刚亮时；许慎解释，旦是日在一横上面，这一横表示地面的意思。与旦有关的字，有但、坦、担、怛、妲（dá）、靻（dá）等。

说文解字　"明也，从日见一上。一，地也。凡旦之属皆从旦。"

图1　　　图2　　　图3　　　图4

字形说明　采直视角度，取太阳刚露出地面之形造字。

最初是画圆形的太阳，太阳下面一黑色的日影（图1）；亦有画成太阳下面一横代表地平面（图2）；演变至今，圆形太阳轮廓改为长方形，字形线条结构略有改变：图1、图2、图3→图4，属上下结构。

常用词汇　祸在旦夕　枕戈待旦

dōng

東　东　east

字义说明　东方、东边，太阳升起的位置；许慎解释，东这个字是指太阳升起
位于树木的中间，亦有学者将东解释为囊袋或竹笼的意思，因为上
下开口处像束捆起来的样子。与东有关的字，有冻、栋等。

说文解字　"动也，从木。官溥说：'从日在木中。'凡东之属皆从东。"

图1　　　图2　　　图3　　　图4

字形说明　采直视角度，取太阳与树木之形造字。
东的古字有两种解释：第一种解释为太阳升起后，位于树木的中间
（图1）；第二种解释，像一个上下束口的袋子（图2）；演变至今，
字形线条结构略有改变：图1、图2、图3→图4。

常用词汇　东奔西跑　东窗事发　东倒西歪

gǎo

杲　杲　bright/noon

字义说明　明亮、光明；许慎解释，杲的意思是指太阳升起后，位置落在树木
顶端。

说文解字　"明也，从日在木上。"

图1 　　　　　图2 　　　　　图3

字形说明　采直视角度，取太阳在树木顶端之形造字。
最初是画一个太阳位于树顶，指日正当中的意思（图1）；演变至
今，字形线条结构略有改变：图1、图2→图3，属上下结构。

繁体	简体	英文

杳　杳　dim

yǎo

字义说明　幽暗、昏暗；许慎解释，杳的意思是指太阳渐渐西下，此时位置落在树木根部，表示黄昏将近。

说文解字　"冥也，从日在木下。"

尚　　杳

图1　　图2

字形说明　采直视角度，取太阳已落到树根的位置。
　　　　　　上半部画一棵树，下半部画一个太阳（图1）；演变至今，字形线条结构略有改变：图1→图2，属上下结构。

常用词汇　杳无音信　杳无踪迹

mù

暮　　暮　　dusk

字义说明　傍晚、日落；许慎解释，莫（今作暮）是指太阳已西下，像是落在草地上。

说文解字　"莫，日且冥也，从日在茻（mǎng）中，茻亦声。"

图1 　　　图2 　　　图3 　　　图4

字形说明　采直视角度，取太阳沉落至草地之形造字。

最初是画太阳落于草木之间，画圆形太阳落于四株草（茻）之中（图1、图2）；下半部草的形状由大取代（图3）；于大之下再加一个日的形状（图4）；演变至今，字形线条结构改变：图1、图2、图3→图4，属上下结构。

常用词汇　暮鼓晨钟

人出門．

央央 中央也，从大，在冂之內．

崔崔 胡沃切，高至也，从隹上欲出門．

桀桀 磔也，从舛在木上．

杳杳 烏皎切，冥也，从日在木下．

東東 升扶桑之謂也，从日在木中，日出也，从中．

杲杲 古老切，明也，从日在木上．

生生 進也，从中从土．

妄生也，从出在土上，古文作坣．往枉狂尫汪匡皆从之，隸變爲主及王．

先先 之在人上，是在先也．

喿喿 鳥鳴也，从品在木上．

柬柬 分別簡之也，从八在束，於束中柬擇之也．俗作柬．

囷囷 去倫切，从禾在囗中．

噪 俗作．

《文字蒙求》中東、杲、杳的介绍。

汉字画二

采茶之象

汉字
好好玩

饮茶文化在中国已经流传数千年，而饮茶习惯常与当地的风土人情有关，例如，台湾人常喝阿里山的高山茶，云南人习惯喝普洱茶，西藏人喜欢喝酥油茶，每个地区都发展出了各自的饮茶特色。对中国人来说，从古至今，茶都是很重要的饮品，探究饮茶的源头可发现，喝茶最初的目的是治病。根据史料记载，中国饮茶的历史可追溯到神农氏时期，神农氏在尝百草的过程中，一不小心便会吃到一些有毒的植物，经过多方尝试之

后，发现茶具有解毒的功效，所以只要碰上毒草，便以茶来解毒。因此，在神农氏时期，茶不是解渴的饮品，而是一种解药，在《本草纲目》中就特别提到神农氏曾经利用茶来解七十二种毒的故事。

刚发芽的茶叶。

当然，茶不仅有解毒的功能，更有益于身体健康。对专业的品茶人士而言，从茶叶的挑选、煮茶的水质、泡茶的器具到最后茶汤的颜色、香味、气味，每个过程都很讲究，能泡出一壶好茶也会被视为一种高超的技艺。唐代的饮茶文化发展更为兴盛，陆羽曾写了一部《茶经》，被后人奉为"茶圣"（亦称"茶仙"或"茶神"）。《茶经》是一部茶学专书，陆羽对于茶的起源、制茶的方法、煮茶的工具与饮茶的器具都有详细的记载；书中还特别提到水质的重要性，一壶好茶不仅茶叶质量要好，水质也决定了一壶茶的好坏。

茶园。

山泉水是泡茶的最佳水质。

陆羽将水质分为上、中、下三个等级，山上的泉水为上等，河水、江水属于中等，井水则为下等。

春燕到来象征春天是万物生长的季节，燕的古字 燕 像燕子展翅的姿态；此时茶叶生长快，生的古字 生 像是草木往上生长的样子，而叶（葉）的古字 葉 像枝繁叶茂的一棵树；茶农们常常一大早就准备采茶，采的古字 采，上半部代表一只手，手指向下就像手采摘茶枝嫩叶一样；茶农累了就坐在树下休息，所以休的古字 休 就是画一个人靠着树木，依木而息的样子。另外，茶这个字很有意思，《说文解字》将其归为形声字，从字形上，茶的古字 茶 可解释为人在草木之中，因为上半部是草字头，下半部是一个木，而中间刚好是个人，意境就好像采茶的人站在草与茶树之间；而从字音上，茶最早是读成 tú，也就是如火如荼的荼这个字，是一种苦菜，所以茶的味道是苦的，所谓良药苦口，就如同神农氏将茶当成解毒的草药。

《三才图会》中的燕子。

女人采摘图。

汉字画

春天来临，燕（燕）子低空飞过湖面，茶树生（生）

长快速，不断地冒出新鲜枝叶（葉），茶农们正忙着采

（采）茶，累了就在树下休（休）息。

此幅图共介绍燕、生、叶（葉）、采、休五个汉字。

繁体	简体	英文

yàn

燕　燕　swallow

字义说明　燕子，燕科鸟；许慎解释，燕子在古代被视为玄鸟，有着像镊子一样的嘴，燕尾如细枝，属象形字。与燕有关的字，有咽（嚥）、嬿（yàn）等。

说文解字　"玄鸟也，籋（注：niè，同镊）口，布翄（注：chì，同翅），枝尾，象形。凡燕之属皆从燕。"

蘷　蘱　燕

图1　　　图2　　　图3

字形说明　采仰视角度，取燕子张开翅膀之形造字。

上部像是燕子嘴中衔着一根草，中部左右两边画出燕子张开双翅，下部是剪刀形状，代表燕尾（图1）；演变至今，上部和中部仍保留燕子张开双翅之形，而下部改由四个点代替燕子的尾巴（图3），属上中下结构。

常用词汇　新婚燕尔　环肥燕瘦

繁体	简体	英文
	xiū	
休	休	rest

字义说明 休息、歇息；许慎解释，休指人依靠着树木的样子。

说文解字 "息止也，从人依木。"

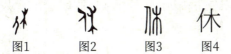

图1　　图2　　图3　　图4

字形说明 采直视角度，取人背部倚靠树木的样子造字。

画出人侧面之形与一棵树（图1、图2、图3）；演变至今，字形线条结构略有改变：图1、图2、图3→图4，属左右结构。

常用词汇 喋喋不休　休养生息

繁体	简体	英文
	yè	
葉	叶	leaf

字义说明 树叶、叶子；许慎解释，楄（piān）木树枼（yè）薄，由木与世组合而成。

说文解字 "葉，艸木之葉也，从艸，枼声。枼，楄也；枼，薄也。从木，世（注：shì，同世）聲。"

图1　　图2　　图3　　图4　　图5

字形说明 采直视角度，取树木与枝叶之形造字。

最初上半部是画枝叶状，下半部是树干、树根（图1、图2）；演变至今，字形线条结构改变：图1、图2、图3→图4、图5。

常用词汇 落叶归根　一叶知秋

繁体　简体　英文

shēng

生　生　grow

字义说明　生长；许慎解释，生像草木刚从地上长出来的样子。与生有关的
　　　　　　字，有牲、笙等。

说文解字　"进也，象艸木生出土上。凡生之属皆从生。"

屮　生　生　生
图1　图2　图3　图4

字形说明　采直视角度，取植物从地上长出来的样子造字。
　　　　　　上半部是画草木的形状，下面一横代表地面（图1）；演变至今，
　　　　　　字形线条结构改变：图1、图2、图3→图4。

常用词汇　生生不息　生老病死　无事生非

cǎi

采　采　pick/radiance

字义说明　风采；许慎解释，采是摘取的意思，由爪与木组合而成。

说文解字　"捋（luō）取也，从木，从爪。"

图1 　　图2 　　图3　　图4

字形说明　采直视角度，取手摘取草木之姿造字。

最初上半部画一只手往下摘取的样子，下半部是一棵长了果实或嫩叶的树木（图1）；演变至今，字形线条结构改变：图1、图2、图3→图4，属上下结构。

常用词汇　兴高采烈

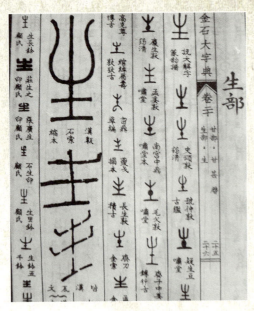

《金石大字典》中生的各种表现方式。

《文字蒙求》中采与休的介绍。

年获之象

汉字好好玩

在浙江省河姆渡遗址出土的陶器上，刻画着结实饱满的稻穗，在遗址中也发现了稻谷、稻秆、稻叶等物，可见对当时的河姆渡人来说，稻子是很重要的作物。明代宋应星在《天工开物》中提到"天下育民人者，稻居什七，而来、牟、黍、稷居什三"，这说明稻谷能养活庞大的人口，是重要的粮食作物；书中还强调南方水土适合种稻，南方的农民已经有很丰富的种稻经验。播种时，会先用稻草将种子包好并放在水中浸泡几天，稻种发出芽苗后才能移植到田里。一般稻苗长到一寸左右便称为秧，所谓插秧便是将这些事先培育好的秧苗分插至秧田中；只要秧苗培育过程良好，据说一亩秧

稻禾。

苗可以分插出二十多亩的稻田。这时秧田水量的控制就很重要，若是土地干旱或是田里积水太多都不适合插秧。

稻子的生长受气候与环境的影响，又可分为早熟稻与晚熟稻。早熟稻只要七十天就可以收成，一年有三次收割的机会（即一年三熟）；而晚熟稻则需要二百多天才能收成，一年只能收割一次。古人为求五谷丰收，常会举行祭祀仪式。五谷是指稻、黍、麦、菽（shū）、稷（粟）这五种谷物，而五谷能否丰收，谷物结穗数量的多寡就很关键；结穗数量愈多，丰收的机会就愈高。另外，五谷结穗的方式并不太一样，黍子结穗是散开的，麦子结穗是往上长，稻子结

《天工开物》耘图——插秧。

结实累累的稻谷。

蕎	苦	麥	雀	麥 小
				燕麥
秈粳稻		麥 蕎		麥 大
粳秈不黏	稻黏			

谷物结穗形态。

穗是往下垂，垂的古字 𡍮 就像是稻禾结穗累累后下垂的样子；虽说结穗愈多愈好，但结穗质量良好才是最重要的。大丰收是指谷物结穗时，有九成都是实谷，只有一成是秕（bǐ）谷，所谓秕谷是指结穗的谷粒中空或不饱满。

农民最怕结穗质量差又碰上天灾，如果谷物结穗只有五六成是实谷，却有四五成是秕谷，那收成就不好；若又碰上蝗虫过境，一下子啃食光所有的谷子，或是收割时刮大风下大雨把谷穗打落，那年的谷物收成肯定不好。因此，农民常会祭天、祭地、祭拜神灵，祈求谷物丰收；唯有丰收才能过个好年。年的古字 秊 画一个侧面的人背着稻禾的样子，像是准备把割下来的稻禾背回家。有些地方的农民祭拜神农大帝祈求风调雨顺。神农大帝又被称为"五谷王"，手中握着谷物；而手拿着稻禾的形象，其实就与秉和兼这两个字有关。秉的古字 秉 画手持一株禾的样子，而兼的古字 兼 画手持两株禾的样子。从古至今，稻一直是中国人的主食，老祖宗依照稻禾的形象描画出年、垂、秉、兼等。

《便民图纂》稻谷收割图。

汉字画

　　稻子成熟，稻谷纷纷下垂（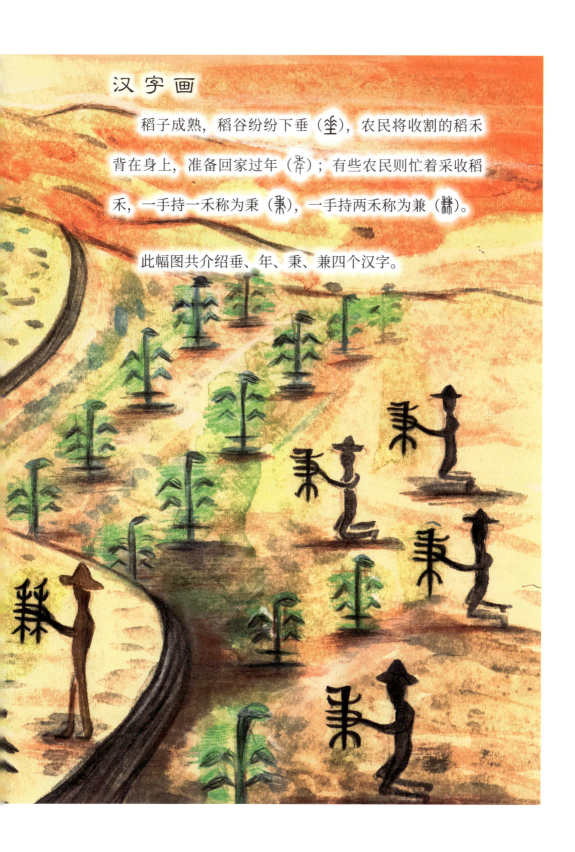），农民将收割的稻禾

背在身上，准备回家过年（ ）；有些农民则忙着采收稻

禾，一手持一禾称为秉（ ），一手持两禾称为兼（ ）。

　　此幅图共介绍垂、年、秉、兼四个汉字。

繁体	简体	英文
	chuí	
垂	垂	sag

字义说明 垂下；许慎是将垂视作"埀"的本字，解释为边境之处的意思。
与垂有关的字，有睡、陲、唾等。

(说文解字) "远边也，从土，巫（chuí）声。"

𣎆   𡍮   垂   垂

| 图1 | 图2 | 图3 | 图4 |

字形说明 采直视角度，取草木花叶下垂之姿造字。
画花叶生长的情况（图1）；植物的中间是根茎，两边像是花叶
（图2）；演变至今，字形线条结构改变：图1、图2→图3、图4。

常用词汇 垂帘听政　永垂不朽　垂头丧气

繁体 简体 英文

bǐng

秉　秉　grasp/hold

字义说明　秉持；许慎解释，秉是指手里拿着一株禾，由又与禾组合而成。

说文解字　"禾束也，从又持禾。"

图1 　　图2 　　图3

字形说明　采直视角度，取手拿禾之姿造字。
　　　　　　画一只手拿一株禾（图1、图2）；演变至今，字形线条结构改变：
　　　　　　图1、图2→图3。

常用词汇　秉公处理

繁体 简体 英文

jiān

兼　兼　concurrent

字义说明　兼并，同时有两件事物以上；许慎解释，兼是指手里同时握着两株禾，而秉是指手里握着一株禾。

说文解字　"并也，从又持秝。兼持二禾，秉持一禾。"

图1 　　图2 　　图3 　　图4

字形说明　采直视角度，取手拿禾之姿造字。
　　　　　　画一只手拿两株禾（图1、图2）；演变至今，字形线条结构改变：
　　　　　　图1、图2、图3→图4。

常用词汇　德才兼备　兼容并蓄

繁体	简体	英文

nián

年　年　year

字义说明　年节，过年，时间单位；许慎解释，谷物成熟丰收，由禾与千组合
而成。

 "谷孰也，从禾，千声。"

ᚳ　　斉　　年
图1　　图2　　图3

字形说明　采直视角度，取人背着禾之形造字。
上半部是稻禾，下半部是人侧面的样子（图1、图2）；演变至今，
字形线条结构改变：图1、图2→图3。

常用词汇　年轻力壮　忘年之交

春米之象

汉字
好好玩

木制臼。

中国南方以稻米为主食，稻谷成熟收割后，并不能立即食用，而是先要进入攻稻的阶段。所谓攻稻是指将稻谷加工处理由谷到米的过程。攻稻的第一步是脱粒，脱粒是将谷粒从稻秆上分离，可以分为人力或兽力脱粒方式。人工脱粒是农民直接手握稻秆用力在石板上拍打，让谷穗自然掉落；而兽力脱粒则是利用牛拉石磙脱粒，以滚压的方式让谷穗脱离稻秆。虽然利用牛拉石磙脱粒对农民来说较为省力，但若是要作为来年使用的种子，则必须保留完整的谷胚。由于人工脱粒法是以在石板上拍打稻秆的方式脱粒，因此这种方法不易伤害到谷胚；而牛拉石磙常因力道太大，会将保护谷胚的尖谷给磨掉，导致谷胚受损而不容易发芽。

风谷车。

稻谷脱粒后，南方的农民通常会使用风谷车将一些秕谷淘汰，留下质量较好的实谷；接着将实谷去壳。去壳是使用砻磨将稻谷坚硬的外壳去掉，稻谷脱壳后就成为糙米；将糙米变为精米的过程称为去皮，使用臼（jiù）可以将糙米那层茶色的皮脱掉，所以舂（chōng）臼的过程很重要。臼的古字⿳是画臼具的形状，线条像是臼面上的纹路；而舂的古字⿳

下半部是画一个臼具，上半部则是一把木杵，就像一双手握着木杵在臼里反复捣击的样子。舂臼时需要观察臼里的米，舂捣的力度不够时，米质就较粗糙；若是舂捣太用力，米就容易变得细碎，所以要随时用手抓些米来检查。而舀的古字舀上半部就是画一只手，下半部是臼，有点像手捞米的样子；舀这个字最初就是表示用手抓米，之后延伸为捞取的意思，例如舀水、舀汤等。而舀东西最常使用的器具便是勺子，勺的古字勺就像一把汤勺一样，有长的把柄，中间的点代表所捞取的食物。

食用勺。

曲柄斗。

臼具材质有木臼与石臼之分，农民会依谷物的多寡使用不同的臼具。一般大型的臼具一次可以盛五斗米，小型臼具一次可以盛两斗半的米。斗的古字斗画一把勺子的外形，在古代斗既是酒器，也是量谷物的器具。古代量器又称为嘉量，故宫内太和殿与乾清宫前的嘉量，是根据王莽时期的标准铜制嘉量定制而成，按容量可分为斛（hú）、斗、升、合（gě）、龠（yuè）等五个单位。

故宫内的嘉量亭。

汉字画

　　稻米加工作坊里，摆放着许多舂米的臼（臼）器，墙面上挂着计算米量的斗（斗）器与专门舀米的勺（勺）具，工人双手持杵（杵）舂（舂）米，有些工人忙着舀（舀）米。

　　此幅图共介绍臼、斗、勺、杵、舂、舀六个汉字。

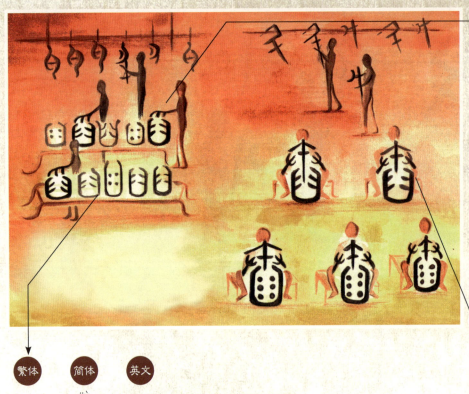

| 繁体 | 简体 | 英文 |

jiù

臼　　臼　　mortar

字义说明　舂谷物的器具；许慎解释，古代最初是在地上直接挖出一个地洞代表臼，后来是将木头或石头凿出一个臼形。与臼有关的字，有舂、旧（舊）、舅等。

说文解字　"舂也，古者掘地为臼，其后穿木石。象形，中米也。凡臼之属皆从臼。"

图1　　图2　　图3　　图4

字形说明　采透视角度，取臼器之形造字。

画一个臼器的外形，里面像器面上的纹路（图1、图2、图3）；演变至今，字形线条结构改变：图1、图2、图3→图4。

常用词汇　不落窠（kē）臼

繁体　简体　英文

yǎo

舀　舀　scoop

字义说明　用瓢、勺等挹（yì）取物品；许慎解释，舀是伸手到臼里抓取，由
爪与臼组合而成。

说文解字　"抒臼也，从爪、臼。"

图1

图2

字形说明　采直视角度，取手在臼中抓取谷物之姿造字。
上半部是一只手，下半部是臼器（图1）；演变至今，字形线条结
构略有改变：图1→图2，属上下结构。

繁体　简体　英文

chōng

舂　舂　pound

字义说明　用杵臼捣去谷物皮壳；许慎解释，手持杵在臼中捣稻谷。

说文解字　"捣粟也，从廾，持杵临臼上。"

图1

图2

图3

字形说明　采直视角度，取手持木杵捣臼里的稻谷之形造字。
上半部画一双手持一根木杵，下半部是一个臼具（图1、图2）；演
变至今，字形线条结构改变：图1、图2→图3，属上下结构。

繁体　简体　英文

shǎo

勺　　勺　　ladle

字义说明 勺子，舀取物品之器具；许慎解释，勺子用来舀取东西，属于象形字。与勺有关的字，有杓（shǎo）、酌、钓等。

说文解字 "挹取也，象形，中有实，与包同意。凡勺之属皆从勺。"

图1　　图2　　图3

字形说明 采直视角度，取勺子之形造字。

画出勺子的形状，中间一点代表物品（图1、图2）；演变至今，字形线条结构改变：图1、图2→图3。

dǒu

斗　斗　unit of measurement

字义说明　容量单位，在古代斗指酒器，同时也是量粮食的器具；许慎解释，
一斗是十升，十斗是一石，斗是指有柄的器具，属象形字。与斗有
关的字，有料、蚪、抖等。

说文解字　"十升也，象形，有柄。凡斗之属皆从斗。"

图1　　　图2　　　图3

字形说明　采直视角度，取勺子之形造字。
画出方形的器具轮廓与长长的把手（图1）；演变至今，字形线条
结构改变：图1、图2→图3。

常用词汇　才高八斗　升斗小民

chǔ

杵　杵　pestle

字义说明　用来舂米、捶衣的木棒（午是杵的字源）；许慎解释，舂米的木棒，
由木与午组合而成。

说文解字　"舂杵也，从木，午声。"

图1　　　图2　　　图3　　　图4

字形说明　采直视角度，取木棒之形造字。
画出一根长形的木棒（图1）；演变至今，字形线条结构改变：图
1、图2、图3→图4。

《三才图会》杵臼图。

《天工开物》舂臼图。

家富之象

汉字

好好玩

古代有一种建筑称为"干栏式建筑"，干栏式建筑的主要特点是人与牲畜住在同一屋檐下。这种木制建筑通常会有两至三层，第一层用来饲养牲畜，人则住在第二、三层。人为什么要与牲畜住在同一个屋檐下呢？这是因为在古代，猪、牛、羊、

干栏式建筑。

犬、马都是珍贵的食物和财产，这些被饲养的牲畜常常会受到其他野兽的攻击，所以要保护这些牲畜，最直接的办法便是与牲畜同住。牲畜只要有不寻常的动静，住在上面的人就容易发现，当然也可以防止被其他人偷走。或许你会有个疑问，为什么同样在屋檐下（宀，mián），出现一头猪时便是家庭的"家"，若是放了一头牛则成了监牢的"牢"呢？这是一个很有趣的问题，它牵涉到古人造字时的智慧。在远古时代，捕获的野猪经过长期驯养后成为家猪，在当时猪可是珍贵的家畜，像某些部落族群，结婚娶亲时常以猪代表礼金，象征着有猪才能成家，家的古字𡧖就是在屋檐下画一头豕（shǐ）。牢的古字𡇟是在屋檐下画了牛头，牢最初是表示圈养牛马的处所，这些牲畜专门用于祭祀；因为这些牲畜的力气较大，就需要盖得坚固些，所以牢本义有牢固的含义，后来又延伸为关犯人的监牢。

野猪。

古代并非人人都有酒喝，唯有家中有多余的粮食才能制成酒。据传酒的发明是因为古人将未食用完的饭放着发酵，而发酵后的气味独特，因此就产生了酒。酒的古字 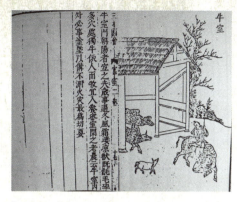 画一个酒坛子的形状，对古人而言，能将粮食制成酒，那肯定代表富有之家，富的古字 就是画屋檐下放

《三才图会》中的牛室。

有酒坛子，当然酒愈多代表愈富有。古人喝的酒种类众多，有米酒、黍酒、果酒、秫酒、药酒、葡萄酒，喝酒的文化也比现代的人讲究许多。从出土的文物中就可以看到各式各样的酒器，不仅造型精美，而且制作精良，材质可分为陶制、青铜制、瓷制、玉制、漆制、金制、银制、兽角制、玻璃制等等；酒器又细分为专门盛酒的储器、酿酒器、温煮器、饮用器、挹取器、冰镇器、斟灌器、娱酒器等等。除了酒是财富的象征外，富贵之家也会有专门的藏宝室，宝的古字 画屋子里有玉、缶（fǒu）与贝三样物品。对古人而言，玉器、缶器与贝器这三样都是珍贵的宝物，是财富的象征。

酒瓮越多代表家中越富有。

青铜酒器。

汉字画

山城里有许多建筑，山顶上有宫（宫）殿；半山腰处盖了专门存放酒的屋子，对古人而言，屋子里藏酒就是富（富）裕的象征；也有专门存放玉器、贝器与缶器等珍宝（寶）的藏宝室；坡地上是干栏式建筑，一楼专门饲养猪，二楼则用来居住，在古代，屋室里饲养猪就代表家（家）的意思。

此幅图共介绍宫、富、宝（寶）、家四个汉字。

繁体　简体　英文

jiā

家　家　home

字义说明　住所、家庭；许慎解释，家是居住之地，由宀之形与豭（jiā）之音
组合而成。与家有关的字，有嫁、稼等。

说文解字　"居也，从宀，豭省声。"

图1　　　图2　　　图3　　　图4

字形说明　采直视角度，取屋室与猪之形造字。

最初是画屋檐下有一头猪，猪头朝下，猪的四肢朝右（图1）；
其后，改为一横线条来代表猪的头部，圆滚滚的身躯则由代表
（图2、图3）；演变至今，字形线条结构改变：图1、图2、图
3→图4，属于上下结构。

常用词汇　家和万事兴　家财万贯　家徒四壁

繁体 　简体 　英文

gōng

宫　宫　palace

字义说明　宫室，宫殿；许慎解释，宫是指屋室的意思，取宀之形与躳之声。

(说文解字)　"室也，从宀，躳（gōng）省声。凡宫之属皆从宫。"

宫　宫　宫　宫
图1 　图2 　图3　图4

字形说明　采直视角度，取屋檐与窗口之形造字。

上半部保留屋檐的形状，下半部是窗口的样子（图1、图2）；演变至今，字形线条结构略有改变：图1、图2→图3、图4，属上下结构。

常用词汇　桂殿兰宫　蟾宫折桂

繁体 　简体 　英文

fù

富　富　wealthy

字义说明　富有、富裕；许慎解释，家中财物众多，而且平时有所准备的意思，由宀与畐组合而成。

(说文解字)　"备也，一曰厚也，从宀，畐声。"

富　富　富　富
图1 　图2 　图3　图4

字形说明　采直视角度，取屋檐与酒瓮之形造字。

上半部是屋檐，下半部是一个酒瓶或酒瓮（图1）；演变至今，字形线条结构略有改变：图1、图2→图3、图4，属上下结构。

常用词汇　富国强兵　富可敌国

繁体　简体　英文

bǎo
寶　宝　treasure

字义说明　宝物、宝贝；许慎解释，宝是指珍贵的物品，由宀、王（玉）、贝与缶组合而成。

说文解字　"珍也，从宀，从王，从贝，缶声。"

图1　　图2　　图3　　图4

字形说明　采直视角度，取屋室里摆放玉器、贝类、缶器之形造字。
最初上半部是画屋檐的形状，下半部则画有玉器、贝类、缶器等物品（图1、图2）；演变至今，字形线条结构改变：图1、图2→图3、图4，属上下结构。

常用词汇　文房四宝　如获至宝

《文字蒙求》中贝与玉的介绍。

各种玉器。

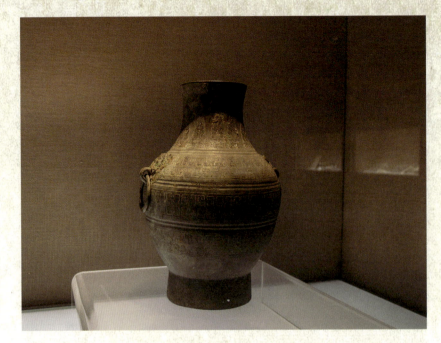

壺器1。

壺器2。

汉字画六

分肉之象

汉字
好好玩

在古代，可不是人人都请得起老师，买得起简册，只有贵族或者有钱人才有读书受教育的机会。至圣先师孔子生于公元前551年，他打破当时贵族教育的体制，倡导平民教育。孔子知道许多平民付不起学费，便改以束脩（xiū）当学费，所谓的束脩即

腊肉。

指肉干，学生可以将家中制好的肉干拿来充当学费，让一般百姓也有受教育的机会。这同时也反映出早在春秋时期，一般百姓家就有制作肉干或腊肉的习惯。古人为何需要制作肉干呢？主因之一是古代没有冰箱，食物无法冷冻，打猎捕捉到的野兽或祭祀庆典时宰杀的牲畜，没有立即食用完就容易腐坏，为了延长这些肉类的保存期，因而发展出腌制技术。

厨房架上已风干的猪。

首都博物馆契丹渔猎木立俑，猎物可制成腊肉。

肉类腌制的方法与当地的气候环境有关，中国的北方天寒地冻，就像一个天然的冰箱，肉类长期处于低温状态所以不易腐坏，需要食用时再拿出来加热料理，肉类的保存过程较为简单；中国南方的气候湿热，肉类若不及时处理就容易腐坏，所以腌渍的工序较为复杂，需先腌制后再烟熏。至于腌制手法各地

不一，其中一种做法是先将粗盐炒热，把新鲜的肉放进锅里，与盐混合拌炒均匀后，冷却放置一段时间，再把肉拿出来清洗，之后晾干或风干；最后就是进入烟熏阶段，讲究一点的会使用松柏树枝来熏烤肉。据说用松柏树枝熏烤的肉香味独特，而熏烤过程中火候的控制特别重

熏肉的灶。

要，若是烟火太旺肉就过熟过老，烟火太小就无法入味。熏好的腊肉可以存放很久，所以古人不论是远行还是军队远征，除了带干粮，身上也会带点腊肉随时充饥。

　　腊肉不仅味美而且做法多种多样，慢慢地就演变成了百姓的家常菜肴。在腊肉的制作过程中，厨师会先选取欲腌制的肉品，再将肉切好分块，分的古字 从 即画出一把刀子从中间将物品一分为二的样子；肉的古字 肉 则画出肉的切面形状；当用手拿肉时就成了"有"这个字，有的古字 又 上面是一只手，下面是一块肉。古代烟熏都是利用烧柴的方式，烟火容易将厨房炉灶

切肉。

熏黑，黑的古字有两种表示方式：第一种 黑 上半部画窗户，下半部则是画烟火的样子，意思是烟火将窗户或炉灶熏黑；第二种 黑 画一个人的脸部与身体上有黑点，像是全身上下布满黑炭的样子。这两种画法都是用来形容黑这个字。

汉字画

厨房灶上的窗户早已被熏成黑（）色，有人正生火煮肉，一时之间烟火太大，全身上下也被熏得乌漆麻黑（ ）；厨师熟练地切分（ ）肉块，仆人将手中持有（ ）的肉块挂在墙上，晾干后制成腊肉（ ）。

此幅图共介绍黑、分、有、肉四个汉字。

繁体　简体　英文

ròu

肉　肉　meat

字义说明　肉类；许慎解释，指切成大块的肉，属于象形字。作部首时多以"月"表示，与肉有关的字，有腐、肌、肥、肪、股、胖、炙（zhì）、膏等。

说文解字　"胾肉，象形。凡肉之属皆从肉。"

图1　　图2　　图3　　图4

字形说明　采直视角度，取肉块切面之形造字。
画出肉块轮廓，里面横线代表肉的脂肪纹路（图1）；演变至今，字形线条结构改变：图1、图2、图3→图4。

常用词汇　行尸走肉　骨肉相连

繁体　简体　英文

yǒu

有　有　have

字义说明 拥有；许慎解释，由月与又组合而成。与有相关的字，有贿、鲔（wěi）、郁、宥（yòu）等。

说文解字 "从月，又声。凡有之属皆从有。"

图1 　　图2 　　图3

字形说明 采直视角度，取手拿着肉之姿造字。
上半部画一只手，下半部画一块肉（图1）；演变至今，字形线条结构改变：图1、图2→图3，属半包围结构。

常用词汇 有难同当　有福同享　有苦难言

繁体　简体　英文

fēn

分　分　separate

字义说明 分开、分割；许慎解释，分是将东西分割开来，由八与刀组合而成。与分有关的字，有纷、粉、扮、芬、盼、盆等。

说文解字 "别也，从八，从刀，刀以分别物也。"

图1 　　图2 　　图3

字形说明 采俯视角度，取用刀分开物品之姿造字。
中间是一把刀，两侧是指被刀分开的东西（图1）；演变至今，字形线条结构改变：图1、图2→图3，属上下结构。

常用词汇 分门别类　万分感谢

繁体	简体	英文

hēi

黑　　黑　　black

字义说明　黑色；许慎解释，黑是火熏过后留下的颜色。与黑有关的字，有嘿、默、墨、点（點）、党（黨）等。

说文解字　"火所熏之色也，从炎上出囧。囧，古窗字。凡黑之属皆从黑。"

　　　囲　　　囷　　　黑　　　黑
　　　图1　　　图2　　　图3　　　图4

字形说明　采直视角度，取窗户被熏之形造字。

黑的古字有两种表现方式：其一，上半部画一个方形的窗户，下半部是火焰（图1）；其二，画一个人手脚张开，脸部与身体四周有黑点（图2）；演变至今，字形线条结构改变：图1、图2→图3→图4，属上下结构。

常用词汇　白纸黑字　黑白不分

汉字画七

皮革之象

汉字
好好玩

远古初民冬穴夏巢，茹毛饮血，不过，古人不只是吃肉止饥、喝血止渴而已，他们已经懂得利用动物的皮毛制作兽皮，将这些兽皮披在身上达到御寒效果。依照古人的经验，貂的皮保暖效果最佳，不过，貂不易捕捉，猎人必须利用黑夜躲在树下守候，再伺机射取。由于貂的体形小，所以一只貂无法制成一件貂皮大衣，据说需要五六十张貂皮才能制成一件貂皮大衣，也因此貂皮大衣十份昂贵，貂皮还成了东北三宝之一。

古人对皮革的需求不只是为了御寒，有时还有其他的作用，像猎人或将军喜欢穿虎豹皮制成的衣服，不仅因为虎豹皮花纹美丽，更因为它能彰显自己威武勇猛的气势。皮革技术发展至今已经非常纯熟，一般皮革来源按动物种类分主要有猪皮革、牛皮革、羊皮革、马皮革、豹皮革、虎皮革、狮皮革、狐皮革、貂皮革和鹿皮革等，另有少量的鱼皮革、爬行类动物皮革、两栖类动物皮革以及鸵鸟皮革等。其中牛皮与羊皮常被制成各式各样的生活用品，如皮衣、皮帽、皮鞋、皮雕、皮制沙发等。

毛皮衣服。

虎皮。

随着近代环境保护观念的推广，许多野生动物都被列为保护动物，使得皮革价格越来越昂贵；皮革处理的过程费时耗工，须依据用途做不同的处理，从动物身上取得毛皮到一张可以使用的皮革，需要经过多道工序。皮的古字画出一只手正在剥取兽皮的样子，取下的皮经脱毛和鞣（róu）制过程，让动物的皮不易腐烂；再经修饰和整理即成为革，革的古字就是在描写双手在处理兽皮的样子。经过这些工续后即成为一张皮革。凡与皮革有关的字都会以革为其部首，例如，我们所穿的皮鞋就是用动物的皮制成，所以鞋字以革为部首；另外"靶"这个字，原指缰绳的意思，而缰绳最初就是用皮革制成的。

古人对动物皮的应用相当广泛，连被视为五毒之一的蟾蜍的蟾皮都具有药用价值。古人将蛇、蜈蚣、蝎子、壁虎和蟾蜍视为"五毒"，蟾蜍就是俗称的"癞蛤蟆"。蟾蜍虽然具有毒性，但蟾蜍自然蜕下的那层皮被称为"蟾衣"，在中药材里被称为"蟾宝"，据说对消肿或治疗疑难杂症有着神奇的效果。五毒之二的蜥蜴，李时珍在《本草纲目》中提到蜥蜴也称为"守宫"。蜥蜴本作析易，易的古字 𝄞 画一只蜥蜴的侧面，将头与身体四肢都表现了出来，夏、秋两季则是捕捉蜥蜴的好时节。蜥蜴的舌头与蛇舌相似，舌的古字 𝄞 像蛇或蜥蜴的舌尖分叉的样子。将蜥蜴捉到后晒干或烘干便可制成药材，也有人把蜥蜴或蛇所蜕下的皮与酒混合后做成药酒。通常这些被视为有毒的动物反而能发挥"以毒攻毒"的治疗效果。

毛皮。

皮帽。

蝎子。

蜥蜴。

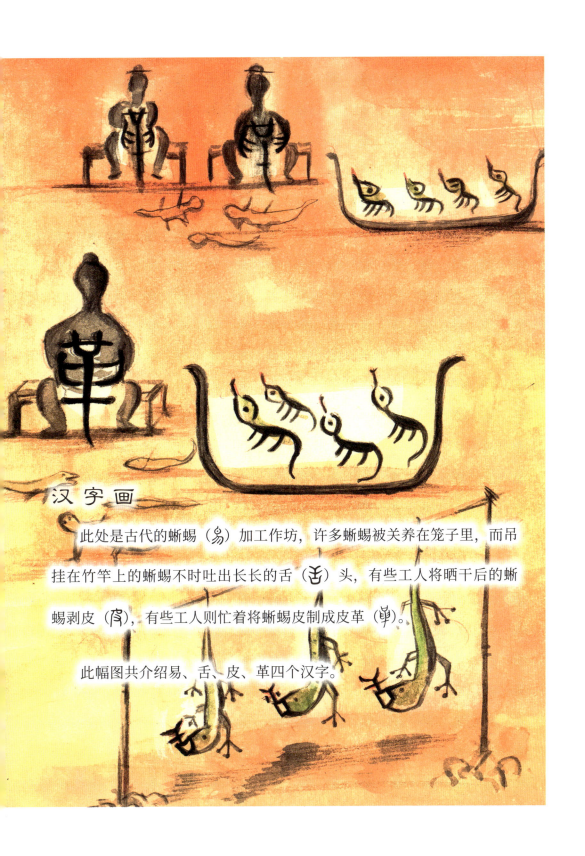

汉字画

此处是古代的蜥蜴（易）加工作坊，许多蜥蜴被关养在笼子里，而吊挂在竹竿上的蜥蜴不时吐出长长的舌（舌）头，有些工人将晒干后的蜥蜴剥皮（皮），有些工人则忙着将蜥蜴皮制成皮革（革）。

此幅图共介绍易、舌、皮、革四个汉字。

繁体　简体　英文

pí

皮　皮　skin

字义说明　皮；许慎解释，皮是指剥取野兽的皮革。与皮有关的字，如披、
波、坡、被、彼、玻、颇、破、跛等。

说文解字　"剥取兽革者谓之皮。从又，为省声。凡皮之属皆从皮。"

图1　　图2　　图3

字形说明　采直视角度，取手剥皮之姿造字。
彐代表手，广像是兽皮卷起之状（图1）；演变至今，字形线条结构
改变：图1、图2→图3。

常用词汇　皮毛之见　与虎谋皮

繁体　简体　英文

yì

易　易　easy/change

字义说明 容易，变易（易为蜴之字源）；许慎解释，易在古代又称为蝘蜓或守宫，属象形字。与易有关的字，有蜴、赐、剔等。

说文解字 "蜥易，蝘蜓，守宫也。象形。《秘书》说：'日月为易，象阴阳也。'一曰从勿。凡易之属皆从易。"

   易

图1　　　图2　　　图3　　　图4

字形说明 采直视角度，取蜥蜴之形造字。

画一只蜥蜴的头部、眼睛与四肢（图1）；演变至今，字形线条结构改变：图1、图2→图3、图4，属上下结构。

常用词汇 平易近人　易如反掌　轻而易举

繁体　简体　英文

shé

舌　舌　tongue

字义说明 舌头；许慎解释，舌位于口之中，用以说话，分辨味道。与舌有关的字，有甜、话、舐（shì）、舔、憩（qì）等。

说文解字 "在口，所以言也，别味也。从干，从口，干亦声。凡舌之属皆从舌。"

图1　　　图2　　　图3　　　图4

字形说明 采直视角度，取舌头之形造字。

画出舌尖分叉，四周有舌液（图1）；演变至今，字形线条结构改变：图1、图2、图3→图4，属单一结构。

常用词汇 口干舌燥　瞠目结舌

繁体	简体	英文

gé

革　　革　　leather

字义说明　皮革；许慎解释，将兽皮上的毛去除后即为革。与革有关的字，有靭（rèn）、靴、靶、鞋、缂（kè）、鞠、鞭、巩（鞏）等。

说文解字　"兽皮治去其毛，革更之，象古文革之形。凡革之属皆从革。"

　　　𩏑　　　𩏬　　　革　　　革

　　　图1　　　图2　　　图3　　　图4

字形说明　采俯视角度，取双手剥取兽皮之姿造字。

左右两边画出左右两只手，中间像是兽皮的形状（图1、图2）；演变至今，字形线条结构改变：图1、图2→图3、图4。

常用词汇　洗心革面　马革裹尸

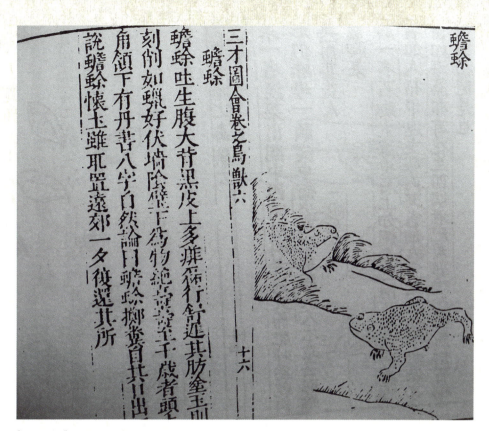

蟾蜍

三才圖會卷之鳥獸六

十六

蟾蜍

蟾蜍吐生腹大背黑皮上多痱磊行遟緩近其肪塗玉
刻削如蠟好伏壁陰壁下為物絕䖳⋯⋯千歲者頭
角頜下有丹書八字自然論曰蟾蜍擲糞自其口出⋯
說蟾蜍懷玉雖耶罷遠郊一夕復還其所

《三才图会》中与蟾蜍有关的介绍。

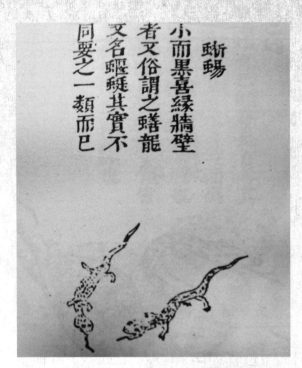

蜥蜴

小而墨喜緣牆壁
者又俗謂之蠨蝏
又名蠑螈其實不
同要之一類而巳

《三才图会》中与蜥蜴有关的介绍。

蛇舌尖分叉。

汉字画八

琢玉之象

汉字好好玩

"**劝**君莫惜金缕衣，劝君惜取少年时。花开堪折直须折，莫待无花空折枝。"这是一首大家耳熟能详的唐诗，也因为这首诗，让我们知道古代有一种名为"金缕衣"的衣服。不过，一般人容易将金缕衣误以为是由黄金制成的衣服，其实不然，金缕衣的原名应为"金缕玉衣"，是皇帝驾崩后的殓（liàn）衣。古代皇帝之所以用玉衣当殓衣是相信玉能寒尸，让皇帝的遗体永保不腐，进而达到长生不朽的目的。玉衣有等级之分，只

金缕玉衣。

有皇帝才能制作金缕玉衣，皇亲国戚或贵族只能制作银缕玉衣或铜缕玉衣。玉衣是依照个人的身形量身定制的，并非由一大块玉直接雕琢而成，而是将玉切割成固定比例的小块玉片，再将玉片四周钻细孔后以黄金线串接，将一小片一小片的玉片组合成一件衣服的形式，样子有点像一件盔甲。根据考古人员的研究，制作一件金缕玉衣需要用两千多片的小玉片。

玉琮。

玉璋。

皇帝的玉衣选用的是最上等的玉石，《天工开物》中提到质量最好的玉石不是深藏在地下，而是产自泉水源头。由于泉水源头地势险峻，对采玉石的工人来说危

险度太高且不易开采，所以有经验的工人便会等到夏季，下雨过后发大水，强大的水势会把石块冲至中下游，采玉石的人便可在中下游的河床采集；有些人会趁着月光明亮之际，到河床上观察这些石块，如果在月光下某些石块发出特别的光芒，表示该石块可能就是一块玉石。

玉石。

对古人而言，玉就是美石也，石头中最美的称为"玉"。玉的古字王，画三块玉用线从中间串起来；而开采出来的玉石须先进行切割，班的古字班画左右两边是玉，中间是把刀子，表示将玉切割分开的意思；古人身上常佩玉，据说可以避邪，若随时弄玉则可以增加玉的亮度，弄的古字弄画一双手拿着玉的样子，最初就是把玩玉的意思；爱玉之人除了常把玩美玉之外，也会计算其收藏的数量，算的古字算就好像一双手在拨打算盘的样子。仔细观察弄与算这两个字的下半部都是廾，廾是代表一双手的意思，只是一个把玩着玉，一个拨打算盘的样子。

雕刻玉片。

算盘。

汉字画

　　这是一处玉（王）石加工作坊，工人们正按部就班（班）将大块玉石切开，处理好的玉片整齐挂着，有工人正在计算（算）玉片的数量，而玉片经过工人把弄（弄）后色泽更加光亮。

　　此幅图共介绍玉、班、算、弄四个汉字。

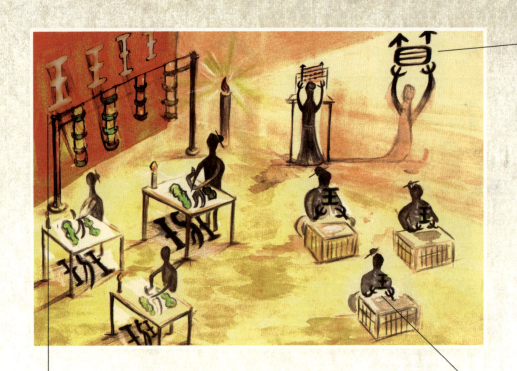

繁体	简体	英文

yù

玉　　玉　　jade

字义说明　玉石；许慎解释，玉是指将三块玉串在一起。与玉有关的字，有琴、瑟、玩、琐、璞（pú）、瑞、瑰等。

说文解字　"象三玉之连。丨（gǔn），其贯也。凡玉之属皆从玉。"

　　　　丰　　　　王　　　　玉

　　　　图1　　　 图2　　　 图3

字形说明　采直视角度，取玉串之形造字。
画三块玉串在一起（图1）；演变至今，字形线条结构略有改变：
图1、图2→图3。

常用词汇　亭亭玉立　抛砖引玉　金枝玉叶

suàn
算　算　calculate

字义说明　计算；许慎解释，算是计算数字，由竹与具组合而成。

说文解字　"数也，从竹，从具，读若筭（suàn）。"

算　算
图1　图2

字形说明　采直视角度，取一双手计算数字之形造字。
上半部是计算的器具，下半部是一双手（图1）；演变至今，字形
线条结构略有改变：图1→图2，属上下结构。

常用词汇　神机妙算　老谋深算

nòng
弄　弄　to do/to mess with

字义说明　把玩，玩弄；许慎解释，弄有把玩的意思，由玉与廾（gǒng）组合
而成。

说文解字　"玩也，从廾持玉。"

弄　弄　弄
图1　图2　图3

字形说明　采直视角度，取双手玩玉之姿造字。
上半部是玉串，下半部是一双手（图1、图2）；演变至今，字形
线条结构略有改变：图1→图2、图3，属上下结构。

常用词汇　弄假成真　弄巧成拙

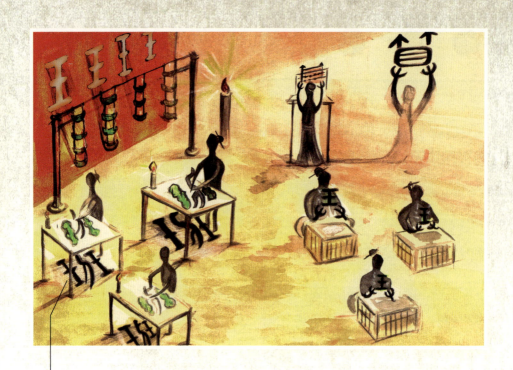

繁体	简体	英文
	bān	
班	班	class

字义说明　单位名称（班级），原义为分开；许慎解释，班是将玉分开的意思，由珏（jué）与刀组合而成。

说文解字　"分瑞玉，从珏，从刀。"

图1　　　图2　　　图3

字形说明　采直视角度，取刀与玉之形造字。

中间一把刀将玉一分为二（图1、图2）；演变至今，字形线条结构略有改变：图1、图2→图3，属左中右结构。

常用词汇　班师回朝　班门弄斧

玉戈。

玉斤与玉刀。

《天工开物》琢玉图1。

《天工开物》琢玉图2。

汉字画九

盥洗之象

汉字
好好玩

祭祀在古代是件庄严神圣的大事，古人祭祀仪式可分为祭天、祭地、祭祖，对象包含天神、人鬼、地祇（qí）。人们会献上最好的祭品给神灵享用，祭品又分为人祭、酒祭、肉祭、火祭、血祭等。人祭是以人献祭，即把人当成供品，在远古时期常将奴隶当成祭品；酒祭则以酒事神；肉祭即宰杀牲畜，依照祭祀的对象提供各种牲肉，《礼记·郊特牲》中提到，大祭祖庙用生肉，社稷之祭用半熟的肉，小祭祀用熟肉；火祭是焚木祭天；血祭是提供新鲜牲血作为祭品，《礼记》称祭天的牲血为郊血，《说文解字》解释"血，祭所荐牲血也"。血的古字 ，器皿中的一横代表血液，画血滴在器皿中的样子。

北京天坛内牲畜模型。

大型铜制水器。

　　祭祀之前必须斋戒净身表示对神灵的尊敬，例如，清代皇帝每年定期至天坛举行祭天典礼，皇帝必须在祭祀前三天入住天坛的斋宫；在斋宫里必须守戒，不食肉荤，不能饮酒，不能接近女色，并于祭祀前沐浴盥（guàn）洗净身，以示对上天神灵的虔诚。所谓沐浴、盥洗各有其意义，沐是去首垢，浴是去身垢，盥是去手垢，而洗是去足垢，盥的古字 就像双手放入器皿中洗手的样子。古代有所谓的沃盥之礼，即贵族宴客时会准备水让客

人洗手；有时为表示对宾客的尊
敬，会将祭祀专用的器皿拿出来款
待客人。行沃盥之礼时，仆人把干
净的水先装入匜（yí）器或盉（hé）
器中，等宾客坐定后，伸出其双
手，仆人再慢慢倒出器皿中的水
浇在宾客手上，并准备一个专门
用来承接弃水的盘器，当宾客洗
净后再递巾擦手。而在器皿上装
水或盛水，古人以益这个字来表
示，益的古字𝄇表示器皿上盛满
了水，如果水太多流了出来即成
溢，溢的古字𝄇画水自器皿流出

陶制器皿。

的样子；器皿使用后必须清洗干净，古人即以尽（盡）这个字来表示器皿
中空之意。尽的古字盡上半部画一只手，中间是把木刷，下半部是器皿，
就像手持刷子刷洗器皿的样子。

青铜匜——古代装水的器皿。

刷洗器皿。

汉字画

　　古代祭祀典礼前，必须先盥（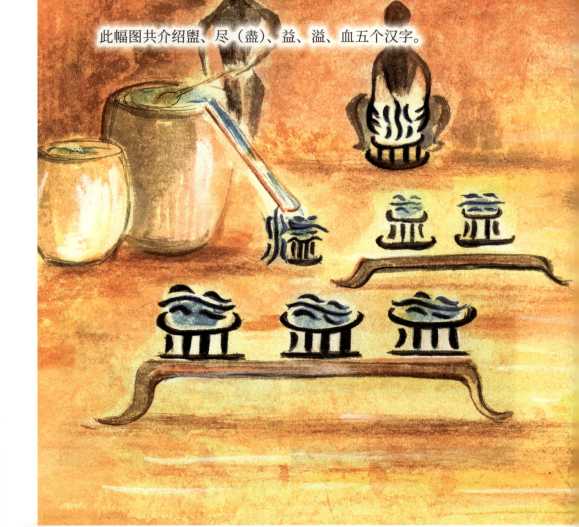）洗双手，并尽（盡）力将器皿刷洗干净，事先将器皿装满水，有益（益）流程顺利进行。不过，有人忙着用器皿倒水，一不小心将水溢（溢）出了盘器外面；墙边鸡鸭的血（血）正滴入器皿内，准备作为祭祀时的牲血。

　　此幅图共介绍盥、尽（盡）、益、溢、血五个汉字。

繁体	简体	英文
盡	尽	to try hard

jìn

字义说明 尽力、尽量；许慎解释，尽是指器皿中空的意思，由皿与聿（jìn）组合而成。

(说文解字) "器中空也，从皿，聿声。"

图1　　　图2　　　图3

字形说明 采直视角度，取手持刷子与器皿之形造字。
上半部是一只手，中间是一把竹刷，下半部则是一个器皿（图1、图2）；演变至今，字形线条结构改变：图1、图2→图3，属上下结构。

常用词汇 尽心尽力　尽忠职守　苦尽甘来

繁体	简体	英文
	xuè	
血	血	blood

字义说明 血液；许慎解释，祭祀时牲畜之血。与血有关的字，有恤、衄等。

说文解字 "祭所荐牲血也，从皿。一，象血形。凡血之属皆从血。"

图1   图2   图3   图4

字形说明 采直视角度，取血与容器之形造字。
画一器皿，器皿里有血（图1）；演变至今，字形线条结构改变：
图1、图2、图3→图4。

常用词汇 一针见血　心血来潮

繁体	简体	英文
	guàn	
盥	盥	wash hands/shower

字义说明 洗手、盥洗；许慎解释，盥是在器皿中将手洗净，由臼、水与皿组合而成。

说文解字 "澡手也，从臼、水，临皿。"

图1   图2   图3   图4

字形说明 采直视角度，取洗手之姿造字。
上半部画一双手在水里，下半部是个器皿（图1）；演变至今，字形线条结构改变：图1、图2、图3→图4，属上下结构。

繁体	简体	英文

yì

益　　益　　benefit

字义说明　好处、利益（益为溢之字源）；许慎解释，益是指器皿中盛满水，由水与皿组合而成。

说文解字　"饶也。从水、皿。皿，益之意也。"

图1　　　图2　　　图3

字形说明　采直视角度，取器皿里有水之形造字。

上半部画水流，下半部画一器皿（图1、图2）；演变至今，字形线条结构改变：图1、图2→图3，属上下结构。

常用词汇　良师益友　多多益善

yì

溢　溢　overflow

字义说明　水漫出；许慎解释，溢是指容器中的水漫出，由水与益组合而成。

说文解字　"器满也，从水，益声。"

溢　　溢
图1　　图2

字形说明　采直视角度，取容器中的水漫出之形造字。

右边画一器皿里装满水，左边画漫出的水（图1）；演变至今，字形线条结构改变：图1→图2，属左右结构。

常用词汇　热情洋溢　溢于言表

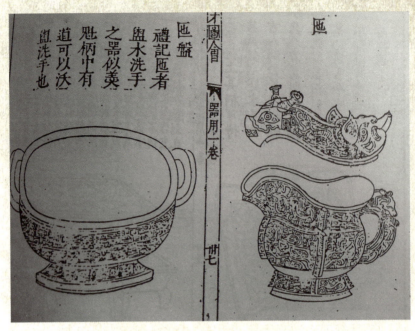

匜

匜盤
禮記匜者
盥水洗手
之器似羹
匙柄中有
道可以沃
盥洗手也

《三才图会》中匜与盘。

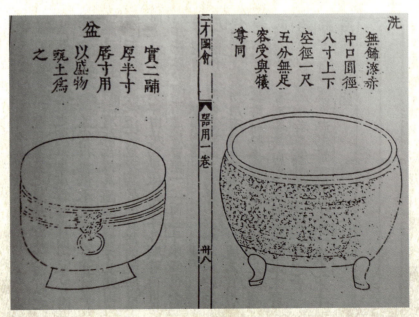

洗

無餙漆赤
中口圓徑
八寸上下
空徑一尺
五外無足
容受與犧
尊同

盆
實二斛
厚半寸
唇寸用
以盛物
甀土爲
之

《三才图会》中盥洗盆。

交易之象

汉字
好好玩

远古时期的交易模式采取以物易物的交换方式，这样的交易方式现今还存在于某些部落族群或偏远地区。最早的货币称为贝币，中华文化起源于黄河流域，虽然黄河鱼虾丰富，但位于中原地区的黄河流域，因距海遥远，所以很少见到美丽的海贝；对于中原地区的人们来说，不易

出土的古代贝类。

取得的海贝更显珍贵。古代贝壳有多种用途，其中之一是作为装饰品。由于贝壳是稀有物品，物以稀为贵，人们愿意用自己拥有的物品来交换贝壳，所以体积小又坚硬的贝壳便成了交易标的；后来用青铜仿贝壳形状制成了铜贝，铜贝便是铜币的前身。

古代贝币是以朋为计算单位，朋的古字 𢘑、𢖩 像架子上挂着贝壳的样子，所以古代才会将十个贝币称为一朋。朋最初是计算贝币的单位，后来延伸为朋友的意思，所谓"同门曰朋，同志曰友"，在古代朋与友其实是两种不同层次的关系。"同门曰朋"是指与自己在一起学习的人，类似同学的

贝串。

关系；"同志曰友"则指因有相同兴趣或想法而在一起的人。友的古字 𦥑 是画两只手伸向同一个方向，就好像有些比较热情的人，为表示友好而伸出双手紧握着对方的手，𠂇 与又都是古字手简化的形象。

古字手的画法有许多种，例如 🖐、🖐 等，有时画右手，有时画左手。此幅贝壳交易之象所介绍的友（🤝）、受（🤲）、争（🤼）三个字都与手部动作有关，通过这三个字我们可以发现古人造字的智慧。首先，友与受这两个字，下半部都是又的形状，又即古字手的样子，友的古字🤝是两只手伸向同一方向代表友好；而受的古字🤲则表示一只手将物品交付给另一只手，受最初其实是画成🛶，两只手中间有一艘船，代表受理的意思；其次，受（🤲）与争（🤼）这两个字，上半部都是"爫"的

古代铜币。

握手。

形状，古字爫代表手掌往下的样子，受的古字🤲像是两手之间传递物品或绳子，争的古字🤼像是两手拉扯物品或绳子的样子。若交易过程起了争执就容易变成打斗，斗（鬥）的古字🐵、🐵 就是画两个人正在打架的样子。

打斗图。

汉字画

　　海边是贝壳重要的交易场所，每当有专门受（）理贝壳的船只靠岸时，商人们便会举起双手表示友（）好。贝壳交易过程如果顺利，双方就成了朋（）友；若是谈判过程出现纷争（），就会有打斗（）的情况。

　　此幅图共介绍受、友、朋、争（爭）、斗（鬥）五个汉字。

繁体　简体　英文

shòu

受　受　receive

字义说明　接受；许慎解释，受是两手互相授受。与受有关的字，有授、绶等。

说文解字　"相付也，从受（biào），舟省声。"

   受

图1　　图2　　图3　　图4

字形说明　采俯视角度，取两只手授船之形造字。

中间画一简单的船形，左右两边代表有两只手（图1）；演变至今，字形线条结构改变：图1、图2、图3→图4，属上下结构。

常用词汇　逆来顺受　腹背受敌　受宠若惊

péng

朋　朋　friend

字义说明　朋友；古代货币单位，十个贝壳（或二十个贝壳）为一朋；许慎将朋字视为古字的凤来解释。与朋有关的字，有崩、棚、绷、鹏、堋（péng）等。

说文解字　"古字凤，象形。凤飞，群鸟从以万数，故以为朋党字。"

$$\text{图1} \quad \text{图2} \quad \text{图3}$$

字形说明　采直视角度，取棚架上挂了贝壳之形造字。

画出两串贝壳（图1、图2）；演变至今，字形线条结构改变：图1、图2→图3，属左右结构。

常用词汇　高朋满座　朋比为奸

yǒu

友　友　friendly

字义说明　友好、友善；许慎解释，有相同志向的人称为友。友是由两个又组成，古代又这个字形，代表手的意思。

说文解字　"同志为友，从二又，相交友也。"

$$\text{图1} \quad \text{图2} \quad \text{图3}$$

字形说明　采直视角度，取两只手之形造字。

同时伸出两只手表示友好（图1、图2）；演变至今，字形线条结构改变：图1、图2→图3，属半包围结构。

常用词汇　良师益友　化敌为友　兄友弟恭

繁体	简体	英文
	dòu	
鬥	斗	fight

字义说明　打斗、斗争；许慎解释，鬥是两个人面对面打架。与鬥有关的字，
有闹（鬧）、阅（鬩）等。

说文解字　"两士相对，兵杖在后，象鬥之形。凡鬥之属皆从鬥。"

　　图1　　　图2　　　图3　　　图4

字形说明　采直视角度，取两个人相互打架之姿造字。
画出两个侧面的人伸长手打架的样子（图1、图2）；演变至今，
字形线条结构改变：图1、图2、图3→图4，属左右结构。

常用词汇　明争暗斗　逞凶斗狠

zhēng

爭　争　quarrel

字义说明　争夺、争吵、竞争；许慎解释，两只手打斗、争夺的意思。

说文解字　"引也，从受、厂（yì）。臣铉等曰：'厂，音曳。受，二手也。而曳之，争之道也。'"

爭　　争
图1　　图2

字形说明　采直视角度，取两人争夺之姿造字。

中间有一条绳子或一件物品，好像两只手在争抢绳子或物品（图1）；演变至今，字形线条结构改变：图1→图2，属上下结构。

常用词汇　力争上游　争先恐后　鹬蚌相争

《天工开物》铸钱图1。

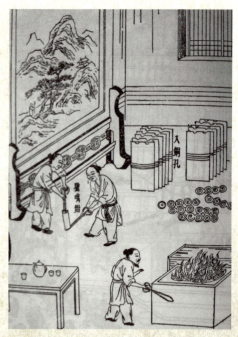

《天工开物》铸钱图2。

汉字画十一

主臣之象

汉字
好好玩

在中国数千年的封建统治中，皇帝是国家的主人，一言一行关乎一个朝代的兴亡；在明君圣主的领导下，国家才能富强，百姓才能安居乐业。主的古字业画一盏灯的样子，下半部是灯或灯架，上半部中心处像火光的样子，而主就是炷（zhù）的字源。古人使用灯烛照明，烛与灯这两个字，其实是代表从火把到灯器的发展演变过程。烛最初是指火把，古人将一种易燃的苇类或含油脂较高的松树细枝做成照明的火把。

古代灯器。

不过，火把不够实用且容易引发火灾，而古人在烹煮肉类的过程中，发现动物的油脂具有易燃与耐燃的效果，所以开始把动物的油脂收集起来放在豆器里，渐渐发展出灯这种器具。作者在《汉字好好玩2》中介绍豆器时说它是用来盛放食物的，当古人将油脂置于豆器中，并放入灯芯点燃后，豆器即成为灯具。灯（燈）字右下部就是豆这个字。把动物的油脂放在豆器中，再用麻、丝、灯芯草做成灯芯，可以使火燃烧得更久，安全性与实用性亦大为提高。

豆器。

一朝天子一朝臣，明君要有良臣相辅才是百姓之福，臣的古字臣像是一只眼睛的样子。为何以眼睛代表臣子的角色？因为臣子的角色就像君主的眼睛一样重要。古字臣的画法就有纵目的特点，即眼睛立起来的样子，且眼珠明显外凸。这样的形象也出现在三星堆的古蜀文明中。三星堆所出土的青铜器制作精美且造型独特，其中有件纵目的青铜器面具很受关注，它的形象是高鼻、纵目、阔嘴、大耳。据古籍记载，"古蜀始祖蚕丛纵目"，考古人员认为纵目的青铜面具极有可能就是古蜀始祖蚕丛的形象。另外也有人从医学的角度来探讨这种纵目的情况，认为眼睛突出，可能是患有甲状腺方面的疾病，因为古蜀地区距海远，有可能是缺少碘导致的

三星堆文化青铜纵目面具。

眼睛病变。总而言之，古人是以眼睛的形象来代表臣这个字。

　　古人云："嘴上无毛，办事不牢。"古代臣子也会留胡子以表威严庄重。现今胡这个字笔画多，但最初只是画胡（𝍬、而）子的样子，就是"而"这个字（而的本义是胡子）；有些臣子必须在宫中值宿待命，宿的古字𡩋画屋檐下一个人侧身躺在床上；值宿的官员必须穿着官服佩着腰带，带的古字㡙就像是腰间系了一条有垂面的带子。

明代皇帝的玉腰带。

"而"在古代代表胡子，图为古人的胡子造型。

汉字画

　　虽然君主（坒）已入宿（𡩠）
就寝，大臣（㠯）们仍穿着官服束着
腰带（𢁑）准备上奏，而上奏官员中有
部分是满脸长胡（𠕜、𠕎）子的老臣。

　　此幅图共介绍主、宿、臣、带（帶）、而五个汉字。

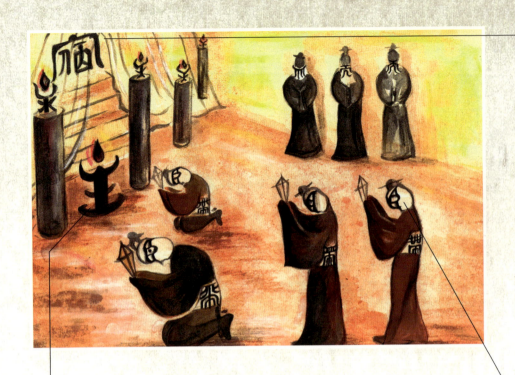

繁体	简体	英文

| | zhǔ | |
| 主 | 主 | host |

字义说明 君主，主人；许慎慎释，主在古代是灯火的意思，由呈与丶（zhǔ）组合而成。

说文解字 "灯中火主也。从呈，象形，从丶。丶亦声。臣铉等曰：'今俗别作炷，非是。'"

图1	图2	图3	图4

字形说明 采直视角度，取灯火之形造字。
上半部是灯火之形，下半部是灯座（图1、图2）；演变至今，字形线条结构改变：图1、图2、图3→图4，属单一结构。

常用词汇 六神无主　宾主尽欢

繁体	简体	英文
宿	sù 宿	lodge

字义说明 住宿；许慎解释，宿有休憩的意思，由宀与佰（sù）组合而成。

说文解字 "止也，从宀，佰声。佰，古文夙。"

图1　　图2　　图3　　图4

字形说明 采远视角度，取人在屋里席上睡觉之姿造字。

上半部画屋檐，下半部画一个人侧身躺在席子上休息（图1）；演变至今，字形线条结构改变：图1、图2、图3→图4，属上下结构。

常用词汇 风餐露宿　双宿双飞

繁体	简体	英文
臣	chén 臣	servant to the emperor

字义说明 臣子；许慎解释，侍奉君主而姿态卑屈之人。与臣有关的字，有卧、宦、临（臨）等。

说文解字 "牵也，事君也，象屈服之形。凡臣之属皆从臣。"

图1　　图2　　图3　　图4

字形说明 采直视角度，取一只眼睛之形造字。

画一只眼睛的样子（图1、图2）；演变至今，字形线条结构改变：图1、图2→图3、图4。

常用词汇 称臣纳贡　乱臣贼子

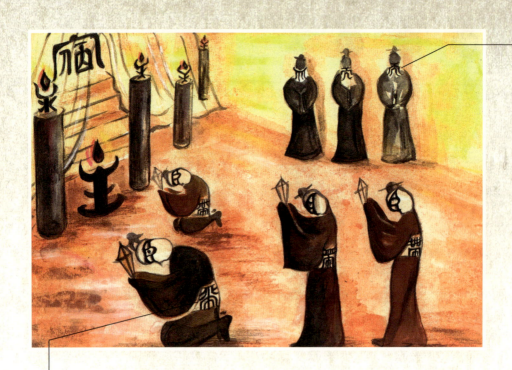

繁体	简体	英文
	dài	
帶	带	strap/belt

字义说明 腰带、带子；许慎解释，古代男子腰间系佩着玉的皮带，女子则系
丝带。

说文解字 "绅也，男子鞶（pán）带，妇人带丝，象系佩之形。佩必有巾，从巾。"

   带

图1　　　图2　　　图3　　　图4

字形说明 采直视角度，取腰带之形造字。

上半部像是腰部的横带，下半部像布面垂带（图1）；演变至今，
字形线条结构改变：图1、图2→图3、图4，属上下结构。

常用词汇 带河厉山　拖泥带水

ér

而　而　and

字义说明　而且；许慎解释，而在古代是指脸颊上的胡子。与而有关的字，有耐、耑等。

说文解字　"颊毛也，象毛之形。《周礼》曰：'作其鳞之而。'凡而之属皆从而。"

图1　　图2　　图3　　图4

字形说明　采直视角度，取胡子之形造字。

画脸颊上长长的胡子（图1）；演变至今，字形线条结构改变：图1、图2、图3→图4。

常用词汇　取而代之　挺身而出

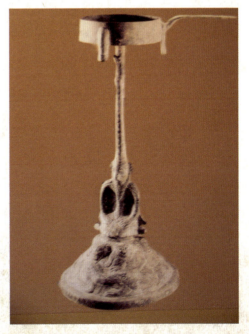

灯器。

灯器。

灯座。

囚牢之象

汉字
好好玩

远古时期部落族群间常有战争，胜利的一方可以获得更多粮食或土地，而战败的士兵成为战俘后，往往过着悲惨的奴隶生活。因此，各个部落为求战胜便制造出许多精密的武器，或者发展出各种战术与奖励方式。战国时期的商鞅为激励将士全力奋战，制定了一种奖励制度——首级制。只要将士在战场上砍下敌人的头颅，带回后即可获得奖

石雕战俘。

人喂兽的酷刑。

火烧酷刑。

赏；提回的敌人首级愈多，奖赏也愈多。所谓重赏之下必有勇夫，将士们无不奋勇杀敌。除了首级制之外，有些是以割取敌人耳朵的数量来统计杀敌的多寡。取的古字 ⿰耴 左边是一只耳朵，右边是一只手，就像是手提着耳朵的样子。砍头或割耳朵这种残忍的行为不仅发生在战场上，也是古代众多刑罚之一。古代刑罚有非常多的种类，例如族诛、凌迟、极刑等不下数十种残忍的手段。针对奴隶则有墨、劓（yì）、刖（yuè）、宫、大辟等五种处罚方式。所谓墨刑是指黥刑，就是在脸部或额头上刺刻标志符号，代表其是奴隶或犯人；劓刑是将鼻子割下；刖刑是将脚砍掉；宫刑是阉割生殖器官；

大辟也就是极刑，便是将人处死。

古代会将被捕的犯人或战俘关进囚
牢中。其实囚与牢最初所关的对象并不
相同，关人的处所称为"囚"，囚的古字
囚画一个人在方形的区域里，指人被围
住关起来的意思；而关牲畜的地方则称
为牢，牢的古字牢画屋檐下有一头牛，
是专门圈养牛、羊、马等的地方。牢的
古字尚未定型前，屋檐下有时是画牛头
牛，有时是画羊头牛，后来则统一用牛
头来代表；然而不论关在牢栏中的牲畜
是牛还是羊，它们终将成为人们的祭品，
所以这些牲畜又称为"牺牲"。古代有所

木雕——古代战争图。

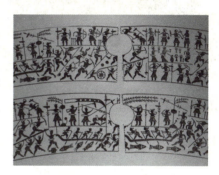

图画——古代战争图。

谓牢礼之法，指在祭祀、朝观、会宾时，使用牺牲数量多寡的规定，其中
又有太牢与少牢之分。太牢之礼用牛、羊、猪三种牺牲，唯有皇帝才能使
用；而少牢之礼是用羊和猪这两种牺牲，属诸侯贵族等级的规格。

战俘成为奴隶后是没有人身自由的，每天被严密地监控，必须做许多
苦役。在劳役中犯错或是想逃跑，便会被刺瞎一只眼睛以示惩戒；奴隶瞎
了一只眼睛后行动不便也不容易逃跑，控制奴隶行动的目的就达到了。古
代社会有贵族阶级与平民阶级之分，贵族享受所有的特权，一般平民百姓
没什么人权可言，更常常被贵族们视为奴仆或奴隶。他们一旦犯错，就会
被施以责罚。民的古字民画眼睛被一尖锐物插入的样子，所以民这个字最
初是表示奴隶的意思。

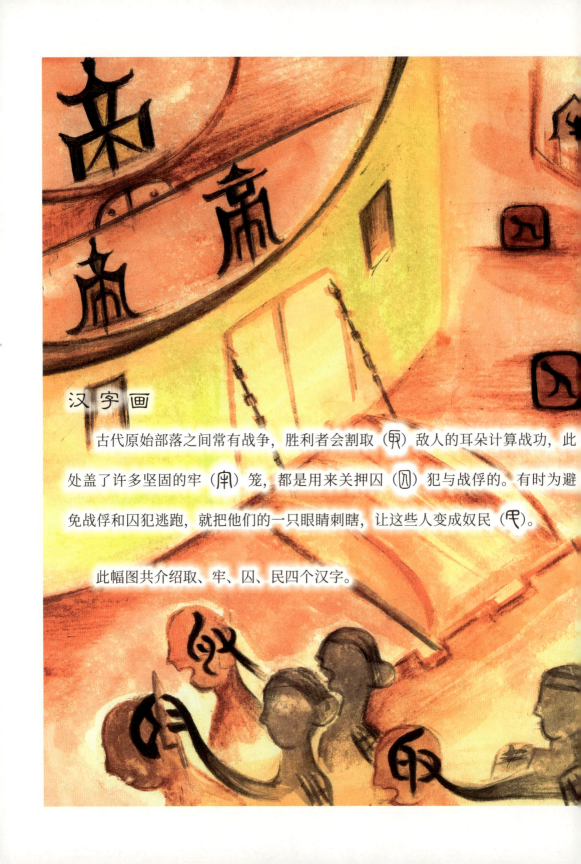

汉字画

　　古代原始部落之间常有战争，胜利者会割取（取）敌人的耳朵计算战功，此

处盖了许多坚固的牢（牢）笼，都是用来关押囚（囚）犯与战俘的。有时为避

免战俘和囚犯逃跑，就把他们的一只眼睛刺瞎，让这些人变成奴民（民）。

　　此幅图共介绍取、牢、囚、民四个汉字。

繁体	简体	英文
	qǔ	
取	取	to get

字义说明 拿取；许慎解释，取有割下左耳之意，引申为捕取的意思，由又与
耳组合而成。

说文解字 "捕取也，从又，从耳。"

图1	图2	图3	图4

字形说明 采直视角度，取耳朵与手之形造字。一只手拿着一只耳朵（图1、
图2）；演变至今，字形线条结构改变：图1、图2、图3→图4，
属左右结构。

常用词汇 分文不取　断章取义　哗众取宠

láo

牢　　牢　　prison

字义说明　监牢、牢固；许慎解释，牢是圈养牛马的地方。

说文解字　"闲，养牛马圈也。从牛，冬省声。取其四周帀（注：zā，同匝）也。"

图1　　　图2　　　图3

字形说明　采直视角度，取屋檐与牛头之形造字。
上半部为屋檐，下半部为牛头（图1、图2）；演变至今，字形线条结构改变：图1、图2→图3，属上下结构。

常用词汇　牢不可破　亡羊补牢　满腹牢骚

qiú

囚　　囚　　imprison/prisoner

字义说明　囚犯、监禁；许慎解释，囚是将人困于口（wéi）中。

说文解字　"系也，从人在口中。"

图1　　　图2

字形说明　采直俯视角度，取人被困住之姿造字。
画一个方形的地窖或围栏，像人被囚在里头（图1）；演变至今，字形线条结构略有改变：图1→图2，属全包围结构。

常用词汇　楚囚对泣

繁体   简体   英文

mín

民   民   people

字义说明 民众，民最初是指奴隶或战俘；许慎解释，众人懵懵无知的样子，
也有学者认为古代将战俘眼睛刺瞎以为奴隶，民字像奴隶之形。与
民有关的字，有眠、珉、泯、岷等。

说文解字 "众萌（注：同氓）也，从古文之象。凡民之属皆从民。"

            民

图1   图2   图3   图4

字形说明 采直视角度，取眼睛插入一尖锐物之形造字。
画一尖锐物插入眼睛中（图1）；演变至今，字形线条结构改变：
图1、图2、图3→图4。

常用词汇 民不聊生 仁民爱物 市井小民

汉字画十三

祭尸之象

汉字
好好玩

中国有五千多年的历史，素有礼仪之邦的美名。中国人讲究做人处事依礼而行，在众多礼仪中对丧葬的礼节更是特别慎重。所谓"事死如生"，就是把过世的人当成活人来对待。考古学家在中国古代的墓室中发现了大量的陪葬品，这些陪葬品都是

明代墓室模型。

墓室主人生前所使用或者喜爱的物品。据古籍记载，古人甚至会请人扮演已过世的亲人进行一场祭尸礼，《仪礼·士虞礼》即详细地记载了人去世之后，从下葬到迎回魂魄的一系列祭祀内容。所谓"士虞礼"，虞就是安，而安即安神的意思，强调人过世下葬后须举行安魂礼。在仪式中有一种特殊的身份称为"尸"，即一个活人替代死者受祭的角色。安魂礼是下葬后将亲属魂魄迎回家中，从晚辈中挑选一个人扮成尸的角色供人祭祀。尸代表死者，从尸一入门便要倒好水让尸洗手，洗手后再送上巾擦干手，请尸坐定位置，最后尸代表死者接受祭拜。尸在《说文解字》中解释为一个人侧面陈卧的样子，但有学者将尸的古字 ？ 视为人坐着受祭拜的样子，像是古代祭尸之礼。所以中国有句成语

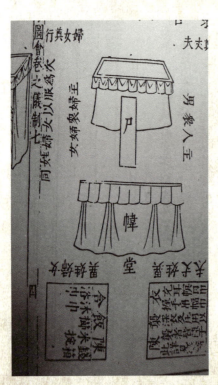

《三才图会》祭尸图。

"尸位素餐"，原本表示尸坐在神位上让子孙供奉祭祀的意思，其后则引申为只占着位置却不做事。古代尸与屍是有所区别的，尸是指代替死者受祭的人，而屍才是指真正已死去的人。

另外，尾、尿、屎等字均与尸有关。尾的古字𡰪是画尸下有毛的样子，人类与动物外形的最大差异在于尾巴，原始部落举办狩猎祭典活动时，表演狩猎舞蹈，舞者便会在臀部装饰上动物的尾巴，装扮成动物的形象。许慎在《说文解字》中提到：在古代，西南夷地区的人会将毛装饰在臀部表示尾巴的意思。而尾的古字𡰪又延伸出尿与屎这两个字，尿与屎的古字𡱁与𡲢，即是在尾巴下画出排泄物的形象。其实这两个字最初是画一个人侧身排泄的样子（𠂆、），后来则改以𡱁与𡲢表示，最后又省略毛的部分。尸之下的水与米，分别代表液态与固态的排泄物，即为尿与屎这两个字。

孔雀羽毛常被作为装饰品。

各种鸟类羽毛。

尿的形象。

汉字画

　　原始落部正举办一场特殊的祭典活动，族人扮演成不同的角色，有人扮演

尸（ᄀ）体，有人扮演帮尸体清除尿（屎）与屎（屎）的人，有人扮演动物的形

象，只要在臀部装饰上一撮长毛代表尾（尾）巴，看起来就像动物的样子。

　　此幅图共介绍尸、尿、屎、尾四个汉字。

繁体	简体	英文

shī

尸　尸　corpse

字义说明 尸体，古时指代替死者受祭之人；许慎解释，陈卧之象。与尸有关的字，有尺、尼、屁、尿、尾、屎、居、屌、展、屠、屍等。

说文解字 "陈也，象卧之形。凡尸之属皆从尸。"

　图1　　　图2　　　图3　　　图4

字形说明 采直视角度，取人侧卧之姿造字。

画一个人侧躺的样子（图1、图2）；演变至今，字形线条结构改变：图1、图2、图3→图4。

常用词汇 尸位素餐

繁体 简体 英文

wěi

尾　尾　tail

字义说明　尾巴；许慎解释，尾是毛在尸之下，在古代，某些部落会把毛插在身体上当成一种装饰。与尾有关的字，有娓等。

说文解字　"微也，从到（注：同倒）毛在尸后。古人或饰系尾，西南夷亦然。凡尾之属皆从尾。"

图1　　　图2

字形说明　采直视角度，取臀部与毛之形造字。

画臀部的地方装饰上一撮长毛的样子（图1）；演变至今，字形线条结构改变：图1→图2，属半包围结构。

常用词汇　虎头蛇尾　摇尾乞怜

繁体 简体 英文

niào

尿　尿　urine

字义说明　小便；许慎解释，尿指小便，由尾与水组合而成。

说文解字　"人小便也，从尾，从水。"

　尿

图1　　　图2

字形说明　采直视角度，取臀部装饰上毛并有水之形造字。

画出臀部装饰有毛并有尿水（图1）；演变至今，字形线条结构改变：图1→图2。

常用词汇　屁滚尿流

繁体　　简体　　英文

shǐ

屎　　屎　　feces

字义说明　粪便。

说文解字　无。

屎　　屎
图1　　图2

字形说明　采直视角度，取臀部排出排泄物之形造字。
画臀部有排泄物（图1）；演变至今，字形线条结构改变：图1→
图2。

羽毛饰品 1。

羽毛饰品2。

㞐　中婦人手長八寸謂之㞐周尺也从尺只聲諸氏切

文二

尾　微也从到毛在尸後古人或飾系尾西南夷亦然凡

《說文八下》　尸部　尾部　履部

尾之屬皆从尾　無斐切今隸變作尾

屬　連也从尾蜀聲之欲切

屈　無尾也从尾出聲九勿切

尿　人小便也从尾从水奴吊切

文四

履　足所依也从尸从彳从夊舟象履形一曰尸聲凡履之屬皆从履　良止切　𦝑古文履从頁从足

屨　履也从履省婁聲一曰鞮也九遇切

一

《说文解字》对尾与尿的解释。

居玉切,叉手也,从倒𠬞

其故處是
周帀也.

反而施之下,則厚矣.
从倒高,高獻之於上也.

幻 胡辨切,惑也,
也,从倒予 旱 子苟切,周也,从倒出

帀帀 者出也出而倒之則反

匕匕 變也,从倒人,此變化之正字,化,
教行也,乃教化字今合爲一

尾 从倒毛在尸後,犀
屬皆从古尾字. 此梟首之梟之正

県県 字,从倒首.

同㸏,不順忽出也,从倒子,古文
以己 从倒

《文字蒙求》中对尾的介绍。

汉字

好好玩

远古穴居时期，人们为了安全的需要已有了门的概念，只不过当时门的形式与现今我们对门的定义有所不同。最初的门是用石块或树木来防风遮雨，并防止其他动物的袭击。门最初的形象称为户（𦣠、𢁫），仅画一面门板的样子，即是单扇门的意思。

民间门闩——井字形。

随着生活经验的积累，门的形象愈来愈明确，门的古字𨳆画一门楣下有两扇门面，就像将两户组合起来，所以两户相并即称为门。一座建筑物的门代表着屋主的门面或门脸，也是主人身份地位的象征，因此，门板材质的选取很讲究，通常以木质材料为主，其中又以紫檀木最为贵重。有时为增加防御功能，会在门板上加上铁片以求坚固。据传，秦代还出现了一种特别的门——在阿房宫前有座磁石门，这座磁石门可感应到铁器，主要是为防止将铁制兵器携带入宫内。古代在门材的选择上也有禁忌，避免使用槐木；不是槐木不好，而是槐木的槐字，右边有个鬼字，因此，用槐木制门不就成了鬼门？可见中国人对鬼这个字特别忌讳。

宫门门闩——一字形。

古代城门或宫门都有严谨的门禁，几点开门、几点关门都有规定，只要时间一到就要关门禁止进出；而守门人关门时除了将两扇门板闭合起来，最重要的便是架上一道横木，专门用来关门的横木称为门闩（shuān），闩的古字 🀫 即画门上有一横木可将门紧闭。由于城门或宫门的门闩既重且长，开关门时必须好几个人一起出力，才能抬得起门闩；唐代武则天时期，门闩还有一种特别的功用，即是作为武举科考的项目之一——翘关，武举考生必须抬得起门闩才有机会入选，其实翘关就类似现今的举重。用双手将门闩举起，古人就以此动作造了开这个字，开的古字 🀫 就是画双手准备将横木向上抬起的样子。

门闩与门闩架。

故宫宫殿。

不仅是城门、宫门，富贵人家的大门都是戒备森严，守门人责任重大，尤其是到了夜晚更要提高警觉，只要有人想进入门内都得特别严格地盘问身份。问的古字 🀫 画门下有一口，就像是张口询问的样子；闻的古字 🀫 画门里有一只耳朵，像是耳朵贴着门缝仔细地听门外的声音。

故宫城门。

汉字画

夜深人静，屋外似乎有些动静，楼上仆人们将耳朵贴在门上仔细听闻（聞）外头的声音，旁边有人询问（問）是什么情况，确定安全无疑后，楼下的守门人才会将已闩（閂）住的大门打开（開）。

此幅图共介绍闻（聞）、问（問）、闩（閂）、开（開）四个汉字。

繁体	简体	英文
	shuān	
閂	闩	door bolt

字义说明 门闩。

说文解字 无。

图1　　　　图2

字形说明 采直视角度，取门上有一横木之形造字。

画出门内有一横木可使门推不开（图1）；演变至今，字形线条结构略有改变：图1→图2。

繁体　　简体　　英文

wèn

問　　问　　ask

字义说明　询问；许慎解释，问是指开口询问的意思，由口与门组合而成。

说文解字　"讯也，从口，门声。"

問　　問　　問
图1 　　图2 　　图3

字形说明　采直视角度，取门与口之形造字。
　　　　　画出一扇门，门里有一张口（图1）；演变至今，字形线条结构未
　　　　　改变：图1、图2→图3。

常用词汇　问道于盲　不闻不问　投石问路

繁体　　简体　　英文

wén

聞　　闻　　hear/listen

字义说明　听闻，另指嗅觉气味；许慎解释，闻由门与耳组合而成。

说文解字　"知闻也，从耳，门声。"

聞　　聞　　聞
图1 　　图2 　　图3

字形说明　采直视角度，取门与耳朵之形造字。
　　　　　画出一个人的蹲跪之姿，上半部有一只大耳朵（图1）；画出一扇
　　　　　门，门里有一只耳朵（图2）；演变至今，字形线条结构改变：图
　　　　　1、图2→图3。

常用词汇　举世闻名　默默无闻

繁体　简体　英文

kāi

開　开　open

字义说明　张开，打开；许慎解释，开是指张开，由门与开组合而成。

(说文解字)　"张也，从门，从幵。"

图1　图2　图3　图4

字形说明　采直视角度，取门与双手举起横木之姿造字。

画一双手拿起门上的横木（图1、图2）；演变至今，字形线条结
构略有改变：图1、图2→图3、图4。

常用词汇　开山鼻祖　皮开肉绽

平民家的大门。

古宅房门。

红色圆形门。

汉字
好好玩

结婚生子不只是个人的事，更是家族间的大事，当男女双方结婚时，亲朋好友们会送上贺礼，有些地方的习俗是送珍贵的百子图刺绣品，祝贺新婚夫妻能早生贵子，同时也象征人丁兴盛，多子多孙多福气。中国古代妇女背负着传宗接代的家族使命，所以除了多生孩子外，最重要的是能多生男孩子。古代流传着各式各样求子的方法，例如，有走桥摸钉的习俗，妇女趁着黑夜时，设法接近宫门摸到门钉，因为谣传若能摸到宫门的门钉就可以生丁，而生丁就是生男的意思，所以年轻力壮的男子又称为壮丁。

母与子。

妇女怀孕是件大喜事，古代以"有喜"表示妇女怀有身孕的意思，虽然身、孕两字都是指女子怀胎，但这两个字的古字画法是有差别的。身的古字 画一女子侧面肚子隆起，"一点"像是肚子里有胎儿的形象，身最初是指怀胎，同时又表示身体的意思；孕的古字 画肚子里有个孩子的形象，表示孕育的意思。妇女怀孕后有许多禁忌，例如，不能随意搬动家具，或是在墙壁上打洞、钉钉子，否则会触犯胎神。胎神是掌管妇女胎孕的神灵，如果不小心触犯胎神，动了胎气，就容易危害到胎儿的成长。

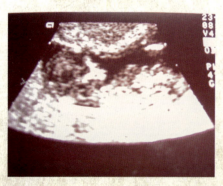

超声波可看见肚子中胎儿的情况。

南宋朱端章著有《卫生家宝产科备要》，他将妇女怀孕生产的过程编写成书，是一本很重要的产妇医书。古代没有专业的妇产科医生，所以孕妇生产时大都由接生婆（又称"产婆"）来家里帮忙接生，有经验的接生婆可以从孕妇的肚子或体态判断胎儿的性别；有时摸一摸孕妇的肚子，就可预测孕妇何时

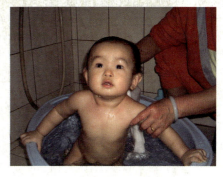
婴儿洗澡。

会临盆。"怀胎十月，一朝分娩"，在继承祖业、延续香火、传宗接代的传统观念下，孕妇们希望首胎就生个儿子，儿（兒）的古字 上半部画婴儿的头部，且囟（xìn）门尚未闭合的样子，下半部画身体的部分。虽然希望儿孙满堂，但最好是兄友弟恭，家和万事兴，《说文解字》解释"兄，长也"，即男子先生为兄，后生为弟。其实儿与兄这两字的差异就在囟门之处，儿的古字 是画囟门尚未闭合，而兄的古字 像是囟门已经闭合的样子。

摸宫门门钉求子。

妇女有时会向妈祖娘娘求子。

汉字画

　　古代的妇幼室里很热闹，壁面上挂着怀孕周期图，让怀有身（身）孕（孕）的女子了解自己的孕产进度。为了安全起见，孩子们被分成两区，一边是婴儿区，适合囟门尚未闭合的小婴儿（儿）在地上爬行；另一边是兄（兄）长区，因为他们的囟门已闭合了，可以玩其他的游戏。

　　此幅图共介绍身、孕、儿（兒）、兄四个汉字。

 繁体   简体   英文

shēn
身　　身　　body

字义说明　身体，身孕；许慎解释，身是指人的身体。与身有关的字，有躬、射、躺、躲、躯等。

说文解字　"躳（注：gōng，同躬）也，象人之身。从人，厂（yè）声。凡身之属皆从身。"

　　𨈬　　　𨈬　　　𨈬　　　身
　　图1　　　图2　　　图3　　　图4

字形说明　采直视角度，取女人怀孕大肚之形造字。
画女人侧面大肚子的样子（图1、图2）；演变至今，字形线条结构改变：图1、图2、图3→图4。

常用词汇　修身养性　身体力行　身败名裂

繁体　简体　英文

yùn

孕　孕　pregnant

字义说明　怀孕；许慎解释，女子怀胎，腹中有子，属象形字。

说文解字　"裹（注：huái，同怀）子也。从子，从几。徐锴曰：'取象于裹妊也。'"

图1 　　图2　　图3

字形说明　采透视角度，取肚里有一胎儿之形造字。

画侧面的肚子，肚子里有一个孩子（图1、图2）；演变至今，字形线条结构改变：图1、图2→图3，属上下结构。

繁体　简体　英文

ér

兒　儿　child/son

字义说明　小孩，儿子；儿在古代是人的异体字，今为兒的简体字。许慎解释，兒是指囟门尚未闭合的婴幼儿。

说文解字　"兒，孺子也，从儿（rén），象小儿头囟未合。儿，仁人也。古文奇字人也，象形。"

图1 　　图2 　　图3　　图4

字形说明　采直视角度，取婴幼儿之姿造字。

上半部是指小孩头部囟门未闭合，下半部表示身体（图1、图2、图3）；演变至今，字形线条结构改变：图1、图2→图3、图4，属单一结构。

常用词汇　儿女成群　儿孙满堂

繁体　　简体　　英文

xiōng

兄　　兄　　elder brother

字义说明　哥哥，兄弟；许慎解释，兄是指兄长的意思，由口与儿（rén）组
合而成。与兄有关的字，有祝、况等。

说文解字　"长也。从儿，从口。凡兄之属皆从兄。"

图1　　　图2　　　图3

字形说明　采直视角度，取人侧面之形造字。
上半部是头部，下半部是身体（图1、图2）；演变至今，字形线
条结构改变：图1、图2→图3，属上下结构。

常用词汇　称兄道弟　兄友弟恭